複雑化する世界、単純化する欲望

核戦争と破滅に向かう環境世界

Nuclear War and Environmental Catastrophe

ノーム・チョムスキー
NOAM CHOMSKY

ラリー・ポーク（聞き手）
LARAY POLK

吉田 裕 訳

花伝社

複雑化する世界、単純化する欲望——核戦争と破滅に向かう環境世界◆目次

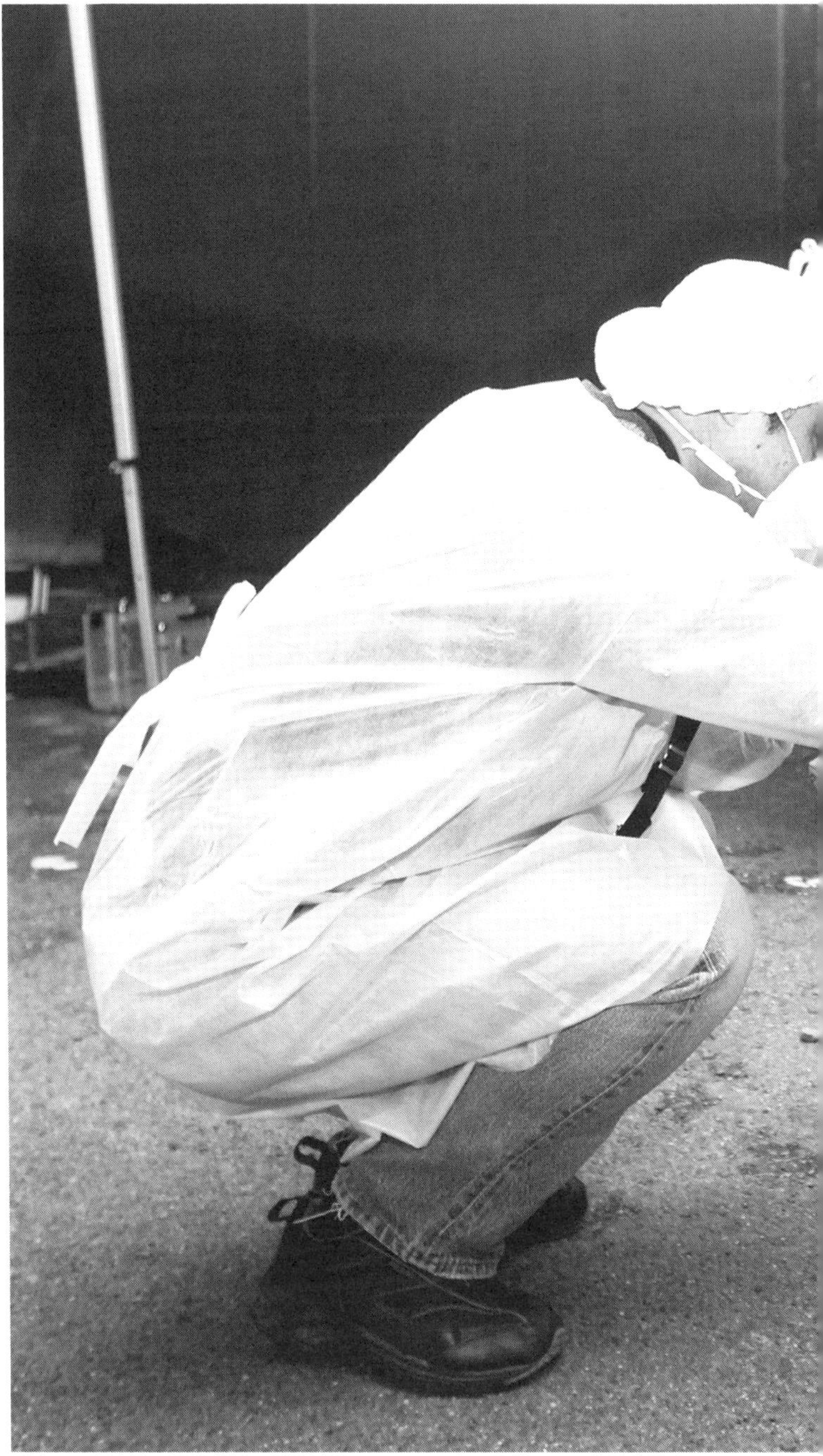

郡山にて福島第２原発付近の避難地域エリアから来た子供たちの放射線量をチェックする
© Kim Kyung Hoon / Reuters.

○本文及び注で使用されている略語一覧。訳出されているものには訳語も併記した。

ACHRE (Advisory Committee on Human Radiation Experiments) 放射線被曝実験諮問委員会
AEC (Atomic Energy Commission) 原子力委員会
ALEC (American Legislative Exchange Council) 米国立法交流評議会
API (American Petroleum Institute) 全米石油協会
ARPA-E (Advanced Research Projects Agency-Energy) エネルギー高等研究計画局
BIOT (British Indian Ocean Territory) 英領インド洋植民地
BLEEX (Berkeley Lower Extremity Exoskeleton) バークレー下肢外骨格システム
BP (British Petroleum) ブリティッシュペトロリウム
CDB (China Development Bank) 国家開発銀行
CIA (Central Intelligence Agency) アメリカ合衆国中央情報局
CND (Campaign for Nuclear Disarmament) 核軍縮キャンペーン
COP (Conference of the Parties to the UNFCCC)
CTBT (Comprehensive Test Ban Treaty) 包括的核実験禁止条約
CW (chemical weapons) 化学兵器
DARPA (Defense Advanced Research Projects Agency) 国防高等研究計画局
DEFCON (defense readiness condition) 防衛準備状態
DOD (Department of Defense) 国防総省
DOE (Department of Energy) エネルギー省
DU (depleted uranium) 劣化ウラン
EPA (Environmental Protection Agency) 環境保護庁
GE (General Electric) ゼネラル・エレクトリック
HEU (highly enriched uranium) 高濃縮ウラン燃料
IAEA (International Atomic Energy Agency) 国際原子力機関
IBM (International Business Machines)
ISN (Institute for Soldier Nanotechnologies) 兵站ナノテクノロジー研究所
IT (Information Technology)
LEU (low-enriched uranium) 低濃縮ウラン

MAD （mutually assured destruction） 相互確証破壊

MIT （Massachusetts Institute of Technology） マサチューセッツ工科大学

NAM （Non-Aligned Movement） 非同盟運動

NATO （North Atlantic Treaty Organization） 北大西洋条約機構

NAVSTAR GPS （navigation system for timing and ranging, Global Positioning System） 地球上配置衛星システム

NEPA （National Environmental Policy Act） 国家環境政策法

NIH （National Institutes of Health） 国立衛生研究所

NNI （National Nanotechnology Initiative） 国家ナノテクノロジー・イニシアティブ

NPT （Non-Proliferation Treaty） 核拡散防止条約

NSC （National Security Council） 国家安全保障会議

NSF （National Science Foundation） アメリカ国立科学財団

NSG （Nuclear Suppliers Group） 原子力供給国グループ

NWFZ （nuclear-weapon-free zone） 非核武装地帯

OPEC （Organization of the Petroleum Exporting Countries） 石油輸出国機構

OSRD （Office of Scientific Research and Development） 科学研究開発局

PNE （peaceful nuclear explosion） 平和的核爆発

POW （prisoner of war） 戦時捕虜

PTBT （Partial Test Ban Treaty） 部分的核実験禁止条約

R&D （research and development） 研究開発

RADAR （radio detection and ranging） レーダー

SDS （Students for a Democratic Society） 民主的社会を求める学生

START （Strategic Arms Reduction Treaty） 戦略兵器削減条約

TRIPS （Trade-Related Aspects of Intellectual Property Rights） 知的所有権の貿易関連の側面に関する協定

UN （United Nations） 国連

UNFCCC （UN Framework on Convention on Climate Change） 気候変動に関する国際連合枠組条約

WgU （weapon-grade uranium） 兵器レベルのウラン

WTO （World Trade Organization） 世界貿易機関

凡例

一、底本について

本書はNoam Chomsky and Laray Polk, *Nuclear War and Environmental Catastrophe* (Seven Stories Press, 2013) の全訳である。

二、訳文の表記方法について

●原文中で引用と論文タイトルを示す“”は、訳文では原則として「」とした。また、原文中のイタリック体で、書名を示すものは『』で括り、強調のために用いられているものには傍点を付した。

●訳文中の〔〕は本書訳者による補足、引用箇所内における［］はチョムスキーおよびポークによる補足を表わす。

●原文のカッコ（）は、文脈や読みやすさに応じてハイフンに変換した。

●原文中の省略記号…は、訳文では原則として［……］とした。

●訳文中の原注は原著に準じて巻末に置いた。また、長めの訳注が必要なときはアステリスク（＊）で示し、本文および原注の下のスペースに記した。

序文

人類がこの時代の生存の危機を最小限に抑えようとすることを選ぶとしたら、おそらく最も見込みが低いが真の改善策といえるのは、永続的な戦闘と支配ではなく、協調と創意にあふれた適応にもとづく生き方を受け入れることだ。[1]現在と未来の経済状況が、炭素系燃料という限りあるエネルギー資源によってあらかじめ規定されているということは厳然たる事実だ。[2]気候変動に関する科学的な合意は、もう一つの事実を提示する。すなわち、私たちが後戻り不可能な結果に直面するまでに、集積した炭素の負荷を調整するためには、あと数年しか残されていないかもしれないのだ。クリスチャン・パレンティは『カオスの熱帯』において明敏かつ正確に指摘している。

「もし、全ての温室効果ガス排出が直ちに止まったとしても――つまり、もし世界経済が今日にも崩壊し、そして、たった一つの白熱電球も点灯されず、ガソリンで動くモーターが二度と「ただの一つも」始動しなかったとしても――決定的な温暖化と破壊的な気候変動を引き起こすのに充分な二酸化炭素が、環境中にはすでに存在している。それとともに、貧困、暴力、社会的秩序の崩壊、強制移住、そして政治的大変動が少なからず待ち受けている。それゆえ、私たちは人間的で正しい適応手段を見出さねばならない。さもなければ、残酷な見通しが待っている。[3]」

このような観点から見ると、未来の世代である私たち及び生物圏が核戦争と環境災害を生き延びようとするならば、協調しつつ創造的に生きることは、ラディカルというよりも現実的な提起であるといえるだろう。

ラリー・ポーク

テキサス州ダラス

二〇一二年九月

第1章　破滅に向かう環境世界

ラリー・ポーク：二〇一〇年にこの対話を始めたとき、私たちの出発点は、あなたが当時メディアで発表した以下のような声明でした。「私たちの種の生存を脅かす二つの問題がある。核戦争と破滅に向かう環境世界だ*」。この「破滅に向かう環境世界」ということで何を言おうとしたのですか？

ノーム・チョムスキー：実際には、非常に多くのことです。最大のものは人間に由来する地球温暖化ですが――地球温暖化や温室効果ガス、その他に人間が寄与していること――それは一部にすぎません。いわゆる汚染、すなわ

＊イギリスの雑誌『ニュー・ステイツマン』でのアリッサ・マクドナルドによるインタビューより。二〇一〇年九月一三日。

ち、環境破壊の要因として極めて深刻なものは他にもあります。耕作地の侵食や消滅、そして耕作地をバイオ燃料向けに変えることですが、これは饑餓に対して容赦ない影響をもたらしてきました。こういったことは環境に対して問題だというだけではなく、人間の問題なのです。ダムを建設し、アマゾンの森林を伐採することは生態に影響を及ぼします。幾千もの環境破壊があり、ますますひどくなっています。

　理由のひとつは、合衆国の役割によるものです。つまり、環境について見事な役割を果たす者はいないわけですが、合衆国が全世界のお荷物となっているという現状を続けるかぎり、これらの問題に関して意味のあることは全く起こりそうにないのです。合衆国は少なくとも真剣に参加しなければなりませんし、きちんと先頭に立つべきです。皮肉なことですよね。南半球に目をやれば、環境についてしっかりと先頭に立って真剣に取り組んでいる国は、ラテンアメリカの最貧国ボリビアです。彼らは最近、自然に権利を認める法を可決しました[1]。その概念の大部分は先住民族の伝統に由来するのです——大多数を占める先住民族が、政府を動かして自らのための権利を擁護させたのです。洗練された西洋人はそのことを一笑に付すこともできますが、最後に笑うのはボリビアでしょう。

ともかく、ボリビアの人びとはたいしたことをやっているわけです。グローバルな世界においては、ボリビアの人びとと並んで、エクアドルの先住民族共同体が世界をリードしています。一方、最も豊かな国があり、北半球のみならず、世界史上でも最も裕福かつ強力ですが、その国は、何もしていないだけでなく、後戻りしています。アメリカの議会は今、最後のリベラルな大統領だったリチャード・ニクソン*によって施行された法制度のいくつかを解体しようとしていますが、このことは私たちが現在どこにいるのかを示しているのです。[2] 加えて、新たな化石燃料資源の開発に対する非常に強い関心があり、極端なまでに環境に破壊的なやり方でそれを行っています。つまり、水力破砕（フラッキング）や深海のドリル掘削によって、水やその他の資源が破壊されてしまうのです。いたる所で環境破壊になりうるものを見つけることができますし、彼らはそれを非常に熱狂的に追い求めているのです。[3] 生物をはじめとした種に死刑を宣告しているようなものです。

＊リチャード・ニクソン：アメリカの軍人、政治家。第三六代副大統領、第三七代大統領を歴任。一九六八年の大統領選挙で勝利、第三七代大統領に就任。ベトナム戦争からのアメリカ軍の完全撤退を実現し、当時冷戦下にあったソビエト連邦との緊張緩和、中華人民共和国との国交樹立など平和主義に尽力。また、環境保護局の設置などを通じ公害の抑制や環境保護にも力を注ぎ、「最後のニューディーラー」とも呼ばれた。しかし、ウォーターゲート事件により一九七四年に辞職に追い込まれ、任期中に辞任した唯一のアメリカ大統領となった。

やっかいなことに、その多くが信念にもとづいて行われているのです。疑問の余地はない、私たちがそうすべきであると。ある意味で、同じことが核兵器に関しても言えます。核兵器は防衛に必要だという理由で——本当は必要ではないのに正当化されるのです。しかし、破滅へ邁進する主張というのは明快であり、意識して取り組まれているために、広く信じられているのです。環境と合衆国に関しては、膨大なプロパガンダ運動もあり、主要な企業組織が融資していますが、企業の人間はそのことを隠そうともしません。全米商工会議所やその他の機関は、環境や核は私たちの問題ではなく、現実のことでさえないと人びとに信じ込ませようとしています。[4]

　最新の共和党の予備選挙戦を見てみると、事実上すべての候補が気候変動を端的に否定しているのです。ジョン・ハンツマン*は気候変動が真実だと思うと述べたのですが、結局候補から降りたので関係ありませんでした。[5] ミシェル・バックマン*は「そう、気候変動は本当でしょうね。しかし、もし本当なら、ゲイ同士の結婚を許した天罰ですよ」という意味のことを述べました。[6] 合衆国でこんな調子が続くと、世界の人びとがなんと考えようとも、あ

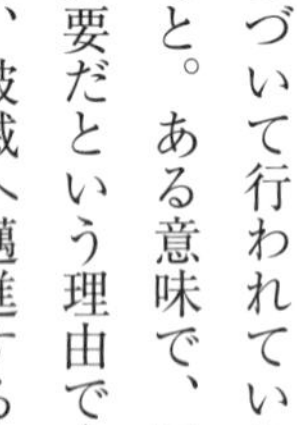

＊ジョン・ハンツマン：アメリカの政治家、外交官。駐シンガポール大使、ユタ州知事、駐中国大使を務めた。地球温暖化に関する条約「theWestern Climate Initiative」に署名し、温室効果ガス削減への行動を呼びかけた。

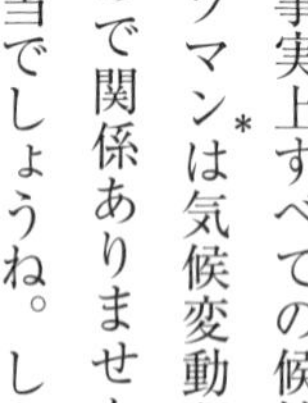

＊ミシェル・バックマン：アメリカの政治家。所属政党は共和党。草の根保守派運動のティーパーティー運動を支持

まりたいしたことはできないでしょう。

議会では、二〇一〇年の中間選挙で選出された共和党下院議員の一群も、ほぼ全員が地球温暖化否定論者であり、温暖化防止にとって意味のあることなら何でも阻止しようと、できるだけ立法措置を切り詰めようとしていますし、現存するそのわずかな法さえも逆戻りさせようと動いているのです。シュールですよ。誰かが火星からこの事態を見ていたら、地球で起っていることを信じようとはしないでしょう。

ウーゴ・チャベス*が主要な国連総会会議のひとつでスピーチをしましたね。もちろん、メディアは愚弄し、バカらしいと述べるばかりでしたが。彼らはチャベスの話の内容には言及しなかったのです。その内容はウェブ上で閲覧できると思います。その会議で彼は、生産者と消費者が協力して、炭化水素と化石燃料への依存を減らす方法を見出さなければならないだろうと述べました。[7] ベネズエラは、もちろん主要な石油産出国です。事実、実質的には全経済が頼っています。彼らは、テキサス州よりもずっと石油に依存しているのです。だからそのようなエネルギー転換を主張することができたのです。

しておりティーパーティー議員連盟の創設者でもある。二〇一二年の大統領選挙の共和党候補の一人。

© Premier.gov.ru

*ウーゴ・チャベス：ベネズエラの政治家、軍人。第五三代共和国大統領。ブッシュ政権に対して反米路線をとり、反ブッシュ発言により世界中から注目を置かれる存在となる。ラテンアメリカ諸国やイラン、ロシア、中華人民共和国などと積極的に友好関係を結んだ。

私たちは、さらにもうけがあるからといって孫たちを進んで犠牲にするような狂気の沙汰におよぶ必要はないのです。

実際に、テキサス州のやり方全体は興味深いでしょう。その歴史をご存知でしょうが、一九五八年頃にアイゼンハワー政権は合衆国がテキサスの石油に依存するという取決めを交わしたのです。つまり、ずっと安価で手に入れやすいサウジアラビアの石油資源を使う代わりに、国内石油資源を使い果たす。それがテキサスの石油生産者の利益のためである、ということです。[8] 次の一四年間、アメリカは主にテキサスの石油に依存しました。つまり、国内資源を採りつくし、後に地中に穴を掘り、戦略的貯蓄のために石油を戻すということです。このことは、単純に安全保障の観点からさえ、かなり鋭い批判がなされました。マサチューセッツ工科大学の教授であるM・A・エイデルマンは、経済学者で石油の専門家ですが、議会でこのことについて証言しました。しかし、問題にされなかったのです。テキサスの石油生産者のための利益が、海外の石油への依存のような安全保障の基本策を凌駕するのです。

これが企業が国を経営するということなのです。ビジネス以外のことは一切問題にならない。同様の理由で、他のあらゆる産業国のような健康保険制度が存在しえないのです。重要な位置にある人びとや金融制度が許可しないため、アジェンダからは外されるのです。

――コーク兄弟*は多額の資金を様々な大学に注入しました。その代わりに、彼らは教授陣を自ら選ぶ権利を得ました。[9] このやり方は、どのような悪影響を与えるでしょうか。

当然のことながら、このようなやり方は深刻なまでに有害でしょう。もし大学（学術誌、研究者）が、自由かつ民主的な社会で公的な役割を果たそうとするならば、学会や教授陣は、外からの圧力がとりわけ資金提供者からなされる場合、国家によるものか私企業によるものかに関わりなく、慎重に拒否しなければなりません。資金提供があなたの述べたような状況のもとで行われるならば、きっぱりと拒絶すべきでしょう。

＊コーク兄弟：チャールズ・G・コークとディヴィッド・H・コークを筆頭とするコーク一族は石油産業に関係しており、純資産は一兆円を超える。アメリカの大富豪。

――下院エネルギー商業委員会で、共和党議員の一二人中一〇人が、繁栄のためのアメリカ人の会*（ＡＦＰ）の誓願に署名し、温室効果ガスの規制に反対しました。[10]政治献金やこのような誓願は、合衆国における環境問題についての政治的な手続きをどの程度押し止めているのでしょう。また、合衆国のエネルギー政策は他の国にどれくらい影響を与えるのでしょう。

大雑把に見積もっても、アメリカ合衆国は世界で最も裕福かつ強力な国家です。どのような政策も他に影響を与えずにはおかないでしょう。とりわけエネルギー政策は将来の世代にも巨大な影響を与えます。その理由はあまりに良く知られているため、ここでふたたび詳細を述べることはできません。共和党の誓願は、由緒ある議会政党として政治システムに参加するという表向きの態度さえ放棄したことを、あらためて示すものです。代わりに、彼らは富と権力に仕える融通のきかない画一性という役割を担おうというわけです。（あまりに脆弱な）規制措置の解体が意味するのは、将来の世代の運命に対して、私たちおよび私たちの奉仕する人間が甘い汁を吸っているあいだ

＊繁栄のためのアメリカ人の会（Americans for Prosperity）：ヴァージニア州アーリントンに本拠を置く、保守系の政策を擁護する団体。二〇一〇年の中間選挙で共和党が挽回して下院を占めるのに大きな役割を果たした。第6章原注3で言及されるフリーダムワークスとかつては同じ団体だった。

は、その世代のことを一顧だにしないと告げることにほかなりません。規制反対のための政治寄金は、明らかに党の計画と来るべき政府の決定に少なからぬ影響を与え、当然のごとく、民主主義が蝕まれることになります。かなりの額に上る寄付によって成果を買収しうる者たちの権力ではなく、人びとの意志を政府の決定が反映するシステムとして民主主義を理解するならば、ということですが。

――保守系シンクタンクの多くはコーク兄弟やエクソン・モービルのような産業利益によって融資されていますが、これらのシンクタンクが、世論という観点から科学的な合意を支配しうると考える要因とは何なのでしょうか。[11]たとえ科学者ではないほとんどの人たちにとって科学が理解しがたいのだとしても、気候変動懐疑論者に融資する産業が得ようとしているものは明白ではないでしょうか。

それはきわめて明白です。主要な産業やロビー組織（全米商工会議所など）は、人間由来の地球温暖化による深刻な脅威に関して圧倒的な科学的合意形成があるにもかかわらず、それに疑問をなげかけ、人びとの意見を支配しようとする取り組みを隠そうともしません。このようなことは目新しくありません。命に危害を及ぼす製品（鉛、タバコなど）と知りつつ生産する産業は、長きにわたって富と権力を用い、その殺人に等しい活動を邪魔されることなく続けてきました。[12]その結果は恐るべきものでしたし、これからもその状況は続いていくでしょうが、さらに不吉なことに、未来の世代が平穏な生活の機会を保持するための行程を突き崩す、集中的な取り組みがなされています。すでに明白な効果が出ていますが、今後予想されるさらなる悪化の前触れでしかないのです。

――化石燃料産業は一枚岩でしょうか？

その産業は、他の産業と同様、人間の福祉ではなく、利益と市場占有率がすべてです。しかし、人びとの圧力に全く耳を傾けないというわけではない。

持続可能なエネルギーの開発には利益が眠っていることも知っています。その産業は概して独占状態ですが、一枚岩ではなく、内部に何らかの抗争を抱えています。しかし、一般的には〔エネルギー市場のような〕準市場システムで参入者の善意と利他主義に期待するのは決して賢明ではありませんし、このような場合には、実質的には破局へと肩入れすることになるでしょう。

第2章　大学と異議申し立て

ラリー・ポーク：一九七〇年代にイランの学生がマサチューセッツ工科大学（ＭＩＴ）に抗議に来たとき、その抗議の根拠とはどのようなものだったのですか？

ノーム・チョムスキー：ＭＩＴとイランの国王（シャー）のあいだで取り交わされた秘密合意があったのですが、それは原子力技術部門を国王（シャー）に譲渡するということにほぼ等しいものでした。明記はされていませんでしたが、おそらくかなりの金額と引き換えに、ＭＩＴはイランからの原子力技術者を受け入れ、アメリカ合衆国で訓練することに合意したのでした。これは核兵器計画にもなりえたでしょう。そのことについて疑いはありませんでした。彼らはそれを核エネルギーと呼んだのです。ワシントンでこれを推進したのは、チェイニー、ラムズフェルド、キッシンジャー、ウォルフォウィッツでした。彼らはイランが核施設を開発することを望んでいましたし、当時はイランとは同盟国でした。一九七九年以前のことです。ただ、このような事態にはよくあることですが、情報が漏洩したのです。そのとき、とても興味深いことが起こりました。学生たちは事態にひどく動揺して、多くの学生が抗議に参加しました。最終的にはキャンパスで投票が行われ、約八割が反対しました。もちろん拘束力はありません。学生の意見ですから。

しかし、あまりに抗議が大きくなったため、大学当局がそのことで教授会を開かざるを得なかったのです。普通は、だれも教授会などに行きません――あまりに退屈すぎますから。しかし、この会議には全員が参加したのです。盛大なものでした。経営陣から議題が提出され、それから議論がありました。たぶん、私たちのうちで五人がそれに抗議して立ち上がったのですが、圧倒的多数で可決されました。

――どのようにあなたは抗議の立場を示したのですか？

なによりもまず、ＭＩＴは核の潜在的能力を開発するにあたって国家からの支援を受けるべきではありませんでした。もし合衆国政府が支援の受入れをのぞんだとしても――私はそれにも抗議するでしょう――しかし、大学でなされるべきことではありません。他国が核の潜在的能力を開発するのを手助けすることが大学の役目ではないのです。大学もそのような支援をすべきではありませんが、とりわけ、残忍な専制君主によって支配されている別の国のために、同盟国であるという理由だけでなすべきことではないのです。しかし、これは単刀直入な主張でした。本質的には学生たちと同じ主張です。

社会学的にそのことについて考えてみればとても面白いと思います。その時の教授陣は、数年前は学生だったのですが、制度的役割の変化がその人たちの態度を完全に変えてしまったのです。だから学生は憤慨し、教授陣は問題なしと考えたのです。

ちなみに、これよりひどいケースは大学以外の場でもあるのですが、新聞雑誌は報道しようとしません。レーガンとブッシュは、サダム・フセインとほぼ蜜月関係にありました——合衆国がイラン・イラク戦争でイラクを支持して実質的に戦争に勝った後、ブッシュは、財務省や他所からの多くの反対を押し切って、イラクへの財政援助を増加させようとしました。反対意見の多くは経済的な理由によるものでしたが、彼はそれを実行したかったのです。

実際、ブッシュは一九八九年に、核兵器生産の先端的訓練のためにイラクの核技術者たちをアメリカ合衆国に招待しました。[1] それから、一九九〇年には、ボブ・ドール（後の大統領候補）、アラン・シンプソン*や他の有力者などが率いる上院議員代表団をイラクに送り込みました。彼らの使命は、ブッシュのあいさつを彼の友人サダムに伝えること、そして、アメリカのメディアで耳にする批判を無視するようにと知らせることでした。彼らは、サダムに批判的だったヴォイス・オヴ・アメリカ*の人間を辞任させる約束をしました。これは、サダム・フセインによるあらゆる最悪の残虐行為——アンファル大

*アラン・シンプソン：ワイオミング州選出上院議員を長く務める。オバマ政権下では「財政的責任と改革に関する国家委員会」の議長を兼任。

*ヴォイス・オヴ・アメリカ：アメリカに関するニュースやアメリカ的価値観を世界中に広めるためのラジオ局。

虐殺*とハラブジャ大虐殺*——が起ってからかなり後のことでした。レーガン政権は、これらの残虐行為をサダムではなく、イラン人たちの仕業だと言って隠蔽しようとしました。これらのすべての出来事が闇に葬られてきたのです。議会の公聴会記録で見いだすことができますが、これらのことについて誰も報道やコメントをしようとはしないでしょう。[2] 国王（シャー）の支配する、イランとのあいだで起っていたことよりずっとひどいのです。公聴会記録は見てもあまり心地よいものではありませんが、事実が知られることを押しとどめるというものでもありません。

——どんな政府も安泰である、私たちはそう確信しうるでしょうか？　例えば、イランの学生たちがやってきたとき、国王（シャー）が権力を握っていました。誰もイスラム主義による叛乱が起るとは知りませんでした……

アメリカは、イスラム主義かどうかなど気にしないのです。たとえば、一九八〇年代のパキスタンを取り上げてみましょう。パキスタンは、アメリカ

*アンファル大虐殺：イラン・イラク戦争末期、一九八六年から一九八九年にかけて、イラク北部に住むクルド人および他のマイノリティー集団に対して、イラク政府が化学兵器を用いて行った一連の虐殺行為。クルドの「反乱集団鎮圧」、「イランとのつながりを持つ武装勢力の一掃」という名目のもと、ヒューマン・ライツ・ウォッチによれば五万から一〇万の非戦闘員が殺され、約四六五〇あったクルド人の村のうち、約四〇〇〇が破壊された。そのうち約二五〇の町や村に対して化学兵器が使用されたといわれる。

*ハラブジャ大虐殺：アンファル大虐殺に含まれることもあるが、現在は別のものとして考えられている。一九八八年三月一六日にイラク北部のクルド人の町ハラブジャで、イラク政府によって化学兵器による虐殺が行われた。三二〇〇から五〇〇〇に上る死者、七〇〇〇から一万以上の負傷者をだした。集住地域におけ

が支援した多くの独裁者のうちでも最悪のジア・ウル・ハク*という独裁者の支配の下にありました。彼は急進的なイスラム主義計画をも推進しており、サウジアラビアからかなりの資金を得ていました。彼らは社会をイスラム化しようとしていて、その頃、子供がコーランと急進的なイスラムの教えのみを学ぶマドラサ*をいたるところに設立しはじめました。サウジアラビアは急進的なイスラムの中心であり、最も過激な原理主義国家ですが、レーガンはサウジを支援していました。[3] 彼らは急進的なイスラムなど気にもとめないのです。

――アフガニスタンのアル・カイダのように、以前のビン・ラディンも……

アメリカはこの人たちを支援していたのです。そして実際、アメリカはその理由を説明しました。アフガニスタンの解放とは一切関係なかったのです。計画が進行していたイスラマバードでCIAのトップだった人間は、そのことについて率直に語っています。基本的に彼が述べたのは、「われわれはア

る化学兵器攻撃としては最大のもの。

*ムハンマド・ジア・ウル・ハク：一九七八年から八八年までパキスタンの第六代大統領。デリー大学で経済学を学び、第二次大戦時には英領インド軍の司令官を務める。一九七六年に戒厳令を発布。混乱の中、大統領に就任。対ソ連のアフガニスタン戦争を推進し、アメリカ合衆国とサウジアラビアの支援を受け、同時に、パキスタンのイスラム化を進める。一九八八年に航空事故で死亡。

*マドラサ：バングラデシュやパキスタンなどのイスラム教の学校。

フガニスタンの解放にいかなる関心もない。われわれが望むのはロシア人を殺すことだ」ということです。アメリカにとってはチャンスだったのです。平たく言えば、ブレジンスキー*はこのようなことを言いました。「大したもんだ。ベトナムのことでロシア人に報復しようというのだから」[4]。ロシア人がベトナムで何をしていたか？　そう、彼らはアメリカの攻撃に対する抵抗運動にいくらかの限定的な支援を提供していました。しかし、それは犯罪なのだから、われわれはロシア人を殺すことで報復しなければならないし、アフガニスタンの人びとが一〇〇万人死んだとしてもそれは彼らの問題だというわけです。

――これらの立案者たちは、アル・カイダやオサマ・ビン・ラディンが自分たちのアジェンダに仕返しするかもしれないと考えたことがあるのでしょうか？

おそらくないでしょう。ハマース*についても同じことが言えます。イスラ

© Tobias Kleinschmidt

＊ブレジンスキー：ポーランド生まれの米国の政治学者。コロンビア大学で教鞭を執る（一九六〇―七七年）。カーター大統領の補佐官（一九七七―八一年）を務めたのち、一九八一年コロンビア大学に復帰。

エルは当初はハマースを支持していたのです。なぜなら、彼らは世俗的なパレスチナ解放機構（PLO）に対する武器だったからです。[5] 合衆国とイスラエルはラディカルなイスラム勢力を一貫して支援してきましたし、それはかなり以前にまで遡ります。六〇年代初頭には——実際は、五〇年代と六〇年代ですが——アラブ世界では、世俗的なナショナリズムの象徴だったナセルと、過激派、急進的なイスラムの守護者であったサウジの支配者たちのあいだに主要な抗争がありました。合衆国が支援したのはどちらだったでしょう？　もちろん、サウジです。彼らは世俗的なナショナリズムを恐れていたのです。

イギリスも同じです。イギリス外交史を専門とする歴史家による本がありますおそらくイギリスでは、書評がでることはほぼないでしょう。その本はイギリスによる急進的なイスラムへの支援についての本なのですが、それはかなり極端な支援でした。[6] 同じ理由で、世俗的ナショナリズムはよりいっそう危険なのです。ときには、それとは知らずに尾っぽをつかんでみたら、虎だったということもあります。ヒズボッラーについてもかなり同様のこと

＊ハマース（Hamas）：一九八七年の第一次インティファーダ時に設立。イスラエルは、PLOおよびPLOの主軸組織であったファタハへの対抗組織として、ハマースへの支援を行っていた。しかし、アラファト主導により一九九三年にオスロ合意が締結されると、イスラエルへの融和政策に対する人びとの疑念が膨らんだ。その後、医療、福祉、女性への教育施設を含む学校の設立を着実に行うことで支持を拡大。二〇〇〇年の第二次インティファーダ以後、対イスラエル路線をより明確にする。二〇〇六年には選挙により合法的に政権を握る。様々な対立にもかかわらず、ハマースはガザ地区、ファタハはヨルダン川西岸において支配的であり、共同宣言を発表するなど互いに協調的になりつつある。

がいえます。アメリカの支援によるイスラエルの侵攻と占領への反応として、ヒズボッラー*は勢力を増したのです。世界はこのようにして動いているわけです。

　このような事態はブロウバック*と呼ばれることもあります。これは自滅的な政策だと主張する分析家もいます。しかし、私はそれほど確信が持てません。つまり、最大の過ちは国王（シャー）を据えて、議会制度を転覆したことだと思われていますが、それのどの部分が過ちだったのかを見極めるのは困難です。二五年ものあいだ、そのことでイランは完全に支配されていたわけですし、エネルギーシステムに関してはアメリカ合衆国が支配し続けたわけです。計画というものは、それ以上のものにはならないのです。もし二五年ものあいだ事態が上手く行けば、成功といえるでしょう。

――テヘラン研究原子炉が作動するためには、高度精製ウラン燃料を必要とします。MITの原子炉に関しても同様です。エネルギー省は、低度精製ウラン燃料に転換しなければならないとMITに述べましたが、原子炉技術の

＊ヒズボッラー（Hezbollah）：レバノンのシーア派政治組織。元来は、一九八〇年代初頭以降、レバノン内戦においてアメリカが支援するグループへの対抗および、レバノン南部におけるイスラエル占領（一九八二～二〇〇〇年）の終結を目的としていた。アメリカ、カナダ、イスラエルなどは、ヒズボッラーを「テロリスト集団」とみなしているが、住民や支持者に対して、医療、教育、清掃事業なども手掛けている。

＊ブロウバック：直訳は「逆流」。秘密情報部員が敵国に流した偽情報が逆流することによる影響のこと。

トップは、期限には間に合いそうにもないと言いました。[7]

私はこのことについては何も知りません。

――二つの点で問題含みなのです。一つは、都市部の過密集住地域に原子炉があること。二つめは……

それは燃料として使用されているものですよね。だから、低度精製燃料では不可能なことが高度精製燃料では可能だというわけでしょう？

――二〇〇九年の『ボストン・グローブ』紙は、「一定の稼働力を用いなければ、ＭＩＴの原子炉はすぐにも転用可能だろう」と報道しました。同じ記事によると、原子炉は「商業利用によって年に約一五〇万ドルをもたらすことになり、毎年の稼働コストのおよそ六割を補填することになる」というのです。[8]

どこからそんな上がりを得るのです？

――特定の機関についてはよくわかりませんが、主には放射線医療での運用によるものだと思います。[9]

一九六九年以来、私の知るかぎりでは、ＭＩＴの研究に関する調査はなかったと思います。当時は学生運動の圧力のもとで、教授会及び学生による調査がありました。実際、私は委員会、つまりパウンズ委員会に所属しており、ＭＩＴの財政状況とキャンパスにおける軍事関連の活動に探りを入れたのです。経営陣でさえも、誰も財政的な詳細を知らなかったことが判明しました。研究所資金のおよそ半分が、二つの機密軍事研究所に流れていたのです。リンカーン研究所＊と、今はドレイパー研究所＊になっているものです。資金のもう半分は、九割近くが当時は国防総省によって提供されていたと思います。

＊リンカーン研究所：ＭＩＴ所属の研究所。宇宙開発、ミサイル防衛、サイバー・セキュリティーを始めとして、陸海空軍の頭脳を支える技術開発及び訓練に特化した研究所。大学院にあたる部門もある。

＊ドレイパー研究所：一九七〇年に現在の名前になり、七三年にＭＩＴから独立。海洋技術開発、ＮＡＳＡへの技術提供、大陸間弾道弾ミサイル技術の開発、無人探査機などの開発を行う。

人びとが信じていることとは反対に、国防総省は現存する最大の資金提供者です。国防総省はあなたが何をしているかなどに大した注意を払いません。彼らが知っているのは、自らが納税者たちの金を吸い上げて次なる経済の段階へと流し込む注ぎ口である、ということだけです。私たちは軍事事業に探りを入れました。キャンパスにおける機密事業や軍事に直結する事業は存在しなかったのですが、ほとんどの事業が何らかのかたちで軍事に応用しうるものであることが判明しました。軍事関連の事業を抱えていた唯一の学部は政治科学部でした。その事業は――まるでオーウェルの作品から出てきたかのように――「平和研究機構」という看板のもとで行われていたのですが、それはサイゴンに屋敷を所有しており、そこに対ゲリラ戦について研究する博士課程の学生を送り込んでいたのです。政治科学部では、ベトナムでの戦略などに関する秘密のセミナーも開催されていました。その一つに参加するよう招待されたときに知りました。

政治科学部の他はとても清潔(クリーン)でした。ここ何年かを見てみると、ペンタゴンの資金提供は減ってきましたが、国立衛生研究所（ＮＩＨ）からの資金提供は増えてきました。そのことにほぼ全員が理解を示しているのだと思います。経済の最先端が、電子工学をもとにした経済から生物学へとシフトしているからですし、そうなれば別のやり方で納税者から税金を巻き上げなければなりません。自由市場経済が機能しているわけではないのです。連邦の支出、政府調達*その他の仕組みが大きな構成要素です。資金提供もより企業主導化しています。ここで起っていることは、企業が資金提供を増やし、それがたいていのことを劣化させてしまう影響でしょう。

連邦支出は長期にわたる計画ですし、政府は介入を好みません。それに実行可能な計画だけが求められているのです。しかし、巨大企業が何らかの資金提供を行うときには、将来の経済の健全性には関心が寄せられません。企業の人間は、自らの利益になることを欲します。つまりそれが意味するのは、研究がより短期での成果を求められ、秘密がより必要とされるということです。連邦支出は完全に公開されているが、企業は秘密事項を押しつけることができる。秘密を維持し続けないかぎり、資金が払い戻されないぞと示唆することができる。だから企業は秘密事項を押しつけるのです。暴露された有

＊政府調達：政府機関のような公権力のために商品やサービスを調達すること。公共事業などがこれにあたる。法律などによって規制がかけられているものの、軍事関連の事業などは多くの国で規制の範疇からは逃れている。

名な事例がいくつかありますよね。『ウォール・ストリート・ジャーナル』でさえも動かした、ある巨大スキャンダルです。*

秘密であるかぎり、彼らは好きなようにできるのです。

――一九六〇年代のMITのキャンパスにおける抗議のあいだに、あなたはリベラルな教授陣の中でも極端な立場をとっていたとロバート・バースキーは書いています。基本的に、あなたは軍事研究に関わる研究所を閉鎖することが解決ではなく、むしろ「細菌戦争に取り組む学部を持つ大学は、そのことを公にすべきだ」と考えていたそうですね。[10] そのようなやり方で得られるものとは何でしょう？

これらの問題はパウンズ委員会で重要な局面を迎えました。主に問題となったのは、ＭＩＴの学術・研究プログラムと大学の運営していた二つの軍事研究所、すなわちリンカーン研究所と器械工学研究所（今のドレイパー研究所）との関わりです。委員会は三つに分裂しました。一つめのグルー

*ある巨大スキャンダル：エンロン事件のこと。

プ（自分たちを「保守派」と呼んでいました）は研究所をキャンパス内に置き続けるよう望みました。二つめ（「リベラル派」）はＭＩＴから研究所を切り離すよう望みました。三つめ（私と一人の学生代表からなっていた「過激派」）は、別の理由で保守派に同意しました。もし研究所が形式的に分離したとしても、実質的には何も変わらなかったからです。共同セミナーや他の交流は以前のように続いたことでしょう。今度は形式的には別々の存在としてですが。そうしたら研究所における実験はキャンパスの問題としては消えてしまいます。しかし、研究所における実験は、「キャンパスの浄化」というう見せかけよりもはるかに深刻なのです。その存在自体が教育とアクティヴィズムにとってつねに照準となるわけですから。リベラル派の意見が賛成多数を占め、結果は予想通り、つまり、以上のような理由から見て一歩後退でした。

国防総省による資金提供は、第二次大戦後の早い時期から将来のハイテク経済の基盤を敷くために、政府が用いた主要な措置でした。コンピューター、インターネット、ミクロ電子工学、人工衛星などのＩＴ革命全般です。数十年後には、主に公共部門において、その成果が商業化と利益のために私企業へと引き渡されました。一九七〇年までには、政府による資金提供は、国防総省から生物学に関連した機関、すなわち国立衛生研究所やその他の機関へと移行していきました。軍事は、電子工学を基盤とした経済にとって、自然と力が集中する分野でした。五〇年前には、MITから始まった小規模の新設企業は電子関連の会社でしたが、成功した時にはレイセオン社*や他の巨大電子企業に買収されました。今日では、小さな新設企業は遺伝子工学やバイオテクノロジーなどに取り組んでいますし、キャンパスは製薬会社とその関連企業の施設に取り囲まれています。[11]同じ力学が他所でも繰り返されてきました。

　国防総省自体は、この事業からほとんど利益を手にしていないどころか、名声も得ていません。実際、どのようにシステムが動いているのかほとんど誰も知りもしません。私はかつて新聞編集者に向けたアラン・グリーンスパン*のスピーチについての文章を書いたことがあります。彼は、在任期間中は比肩する者もおらず「聖アラン」と呼ばれていましたし、前例のない最も偉

*レイセオン社：アメリカの航空機・防衛機器メーカー。防空ミサイル、空対空ミサイルから、電子レンジ、冷蔵庫、ガスレンジ、洗濯機などの家電製品まで製造する。

*アラン・グリーンスパン：アメリカのマネタリスト経済学者で、一九八七年から二〇〇六年まで第一三代連邦準備制度理事会（FRB＝アメリカの中央銀行）議長を務めた。二〇〇一年から金利を歴史的な低水準におく政策をとった。

大な経済学者の一人と喧伝されていました。彼は、投資家主導と消費者選択*に基づくわれわれの経済の素晴らしさを絶賛しました。よくある演説ですね。しかし、彼はその例を示すという間違いをおかしました。その例の一つひとつは、私がちょうどいま述べたことの教科書的な叙述です。すなわち、研究開発というハード分野における、強力な国営部門の経済上の役割（産業政策の一種に相当する政府調達とその他の措置とともに）を示したわけです。グリーンスパンの説明は、見慣れたものです[12]。

確かに、システム全体を批判的に検証してみる必要はあります。重大な意志決定の場において、実質的に人びとが意見を述べられる余地はないわけですから。その必要があるとはいえ、研究、開発、教育のための公的な投資を受けている大学で、雇用に反対する議論が力を持つのを見たことがありません。国防総省、国立衛生研究所、エネルギー省、あるいは何らかの他の公的な仕組みを経由して資金が獲得されようとも、そんなことは大して重要ではないようです。

一般的に重要なのは、どんな仕事がなされているかであって、どのように

＊消費者選択：消費者選択の理論とは、ミクロ経済学において消費者の行動を分析する理論。財に対する需要がいかに決定され、それがどのような性質を持つかを明らかにすることがその目的。

資金提供を受けているかではないのです。国立衛生研究所が投資していようが、私企業が投資していようが、生物兵器を用いた戦争はもはや無害ではないのに。大学は寄生的組織です。市場のための商品生産に歯車を合わせることはありませんし、そうすべきではないのです。もし大学が生き残ろうとすれば、何らかのかたちで資金提供を受けなければなりませんし、現在の社会ではほとんど選択肢はありません。

どれほどの価値があるかはともかくとして、私が六〇年代に働いていたMITの研究所は一〇〇パーセント軍隊が投資していました（出版社による形式的な謝辞を見れば分かることです）。その一方で、学問の世界でベトナム戦争に反対する抵抗の主要な——おそらく最大の——拠点のひとつでもあったのです[13]。六〇年代後半のMITには、おそらくアメリカのキャンパスの中で最もラディカルな学生議長がいましたし、多くの学生による支援と、それに関連したアクティヴィズムは、かなり前向きで長続きする影響を大学生活にもたらしました[14]。

――大学を見直すためのオルタナティヴな方法とは何でしょう?

大学は主に教育のための機関です。教育の重要な要素は、私たちが生きる世界を理解し、それをより良い場所にするために、私たちができることを理解するようになることです。どのような大学も、とりわけMITのような研究大学は、創造的かつ独立した思考と探求の拠点でもあるべきです。そして、このような探求の進むべき方向性を批判的に評価し、一般的な大学集団に参加し協力し合うべきです[15]。可能ならば外の集団も招き入れるべきでしょう。社会・政治問題についての私の授業――これは勤務時間外に教えていました――はたいてい、外の人びとに開かれていましたし、時にはそのような理由で夜間にまで及びました。他の授業も同じだと思います。

こういったことは、「オルタナティヴ」というよりも、むしろ多かれ少なかれ「理想」に近いといえるでしょうし、参加と行動を選び取るための指針なのだと言えます。

第3章　戦争の毒性

――先ほど私たちは、レーガンの「スターウォーズ計画*」が核兵器保有のための口当たりの良い代替案として展開されてきたことを話しました。クェゼリン環礁にあるロナルド・レーガン弾道弾ミサイル防衛試験場は、アメリカの核実験の結果ひどく汚染された地域ですが、その立地に関して語るべきこともあるのではないでしょうか[1]？

それについては、イギリス外交史を専門とするマーク・カーティスの言い方を借りれば、世界中の「人間と見なされない者」はいなくてもよい、とい

*「スターウォーズ計画」：正式名称は「戦略防衛計画」(Strategic Defense Initiative)。一九八三年にロナルド・レーガンが発表した。アメリカは相互確証破壊（MAD、第8章冒頭の訳注を参照）を良しとせず、冷戦期に予期された核戦争において優位を持ちたかったため、ソ連からの大陸間弾道ミサイルが自国および同盟国に到達する前に迎撃することを目論んでいた。しかし、地上および宇宙空間を戦闘基地としつつ、核を用いずにレーザーや赤外線を主軸とする武力によって迎撃するという計画は、開発にあまりに資金がかかりすぎ、実効性が疑われたため、実現には至らなかった。

う広く流布した考えを見てとれます。[2]

——アメリカの核実験によってマーシャル諸島に残った汚染の度合は非常に厄介ですが、イラクと中東の他地域で明らかになってきた劣化ウラン弾の使用による事態も同様です。アメリカがイラクで劣化ウラン弾を使用して、破滅的な健康の危機をもたらしていることには、充分な証拠があるようです。「低度の核戦争」と言及した人さえいます。[3] この問題に関してどのような立場をとりますか？

先天的な欠損や癌、その他の、アメリカのイラク攻撃による帰結は衝撃的です。原因が劣化ウラン弾かどうかは不確かですし、他の地域でも同様です。戦争には、毒性の元凶となるものが多くあります。すでに公開された研究を手がけた著者たちは、劣化ウラン弾が原因であると示唆してきましたが、確信は持てないと報告しています。私の知るところでは、これらの問題を深く憂慮する兵器専門家と核科学者たちは、決定的な結論に達していないのです。

——ベトナムの人びともまた、尋常でない数の先天的な欠損に苦しんでいます。その状況をイラクにおける劣化ウラン弾の使用と比較すると、健康と環境の問題に関して決定的な結論に達することができないというのは、意図的なことなのでしょうか？[4] 因果関係を確立する潜在的な可能性をもった科学的研究を妨げている、政治的な要因があるのでしょうか？

南ベトナムの人びとに対する枯葉剤の効果に関して、価値のある新たな研究としては、フレッド・ウィルコックス著『焼けただれた大地——ベトナム、化学戦争の遺産』があります。非常に真面目な仕事であり、私の知るどんな仕事も凌駕しています。彼は以前にも枯葉剤のアメリカ兵への効果に関する著作『軍隊の死を待ちながら——枯葉剤の悲劇』があります。[5] このあいだ私たちが話して以来、ファルージャにおける攻撃でアメリカ製兵器がもたらした影響に関する調査がありました。ある専門的な研究によって、劣化ウラン弾由来と思われる異常なほど高レベルの濃縮ウランが、他の危険な物質とともに発見されました。[6] ロンドンに拠点を置く『インディペンデント』紙のパトリック・コックバーンと『環境調査と公衆衛生に関する国際ジャーナル』によって伝えられた別の研究によれば、「二〇〇四年、アメリカ海軍に爆撃されたイラクの都市ファルージャにおける幼児期の死亡率、癌、白血病の劇的な増加は、一九四五年に広島と長崎に落とされた原子爆弾の生存者から報告された数字を上回る」のです。イラクとイギリスの医師による研究は、「あらゆる類の癌で四倍、一四歳以下の幼児期癌で一二倍の増加が見られる。都市部の幼児死亡率は、隣接するヨルダンの四倍以上、クウェートの八倍以上にものぼる」[7] ことを明らかにしました。

二〇〇四年一一月のファルージャにおける米海兵隊の攻撃（二回目の主要な攻撃）が重大な戦争犯罪であることは、同時に（一般的には米軍に好意的な）合衆国の報道からでさえも一目で明らかです。これらの新たな知見は、これまではほとんど注目を集めることはありませんでしたが、広範に注視され、真剣に調査される必要がありますし、実際、戦犯法廷に訴えるという方法もあるでしょう。しかし、そうはなっていないのです。弱者と敗者のみがこのような侮辱に甘んじることになるのです。

このようなケースの全てにおいて、政治的な要因が科学的研究に介入するということにほぼ疑いの余地はありませんし、その規模はかなり大きいでしょう。相当数に上ります。二〇〇八年一二月から二〇〇九年一月にかけて、アメリカが支持したイスラエルによる悪名高いガザ侵攻も、調査されるべきもう一つのケースです。勇敢なノルウェーの医師、マッヅ・ギルバートとエリク・フォッセは、まさに状況が最悪だった日々に、ガザのアル・シファ病院でひどい状態のなか働いていたのですが、彼らは致命傷を与える未確認の弾薬〔劣化ウラン弾〕の影響について報告しています。もし行為主体が「敵国」であったならば、確実に、それらの影響に対して、大規模な調査や痛烈な非難、懲罰請求が行われたでしょう。[8]

――アメリカにおける劣化ウラン弾の弾薬は、軍との契約者が所有し運営する施設で生産されています。このことが、アメリカの潜在的な責任から目をそらせているのでしょうか？[9]

枯葉剤の場合、アメリカ政府は、最も致死的なものとして知られる発癌性物質のひとつ、ダイオキシンの含有に気付いていなかったと主張しました。ウィルコックスが提示するのは、政府にダイオキシンなどの物質を提供する会社が、このことに十分気付きながらも、コスト削減のために致死的な成分を除去しないことを選んだという証拠です。[10] ワシントンが気づいていなかったということには、ほとんど信憑性がないように思われますし、せいぜいのところ、「意図的な無知」としばしば呼ばれてきたものの一例です。思い起こすべきは、残忍な属国を支援することから公然とアメリカ軍を派遣することへと変わり、五〇年前の南ベトナムへの介入をエスカレートさせていたとき、ケネディ大統領が、地表や農産物までも破壊する化学兵器の使用を認可したことです。おぞましい規模と性格を伴った結果を別としても、それ自体が犯罪ですし、執拗な遺伝子変異の結果として、サイゴンの病院で数世代にわたって今日まで続く欠損胎児を見れば、そのことは明らかです。[11] どういうわけだか、このことは、受精卵についてさえ「生への権利」を熱烈に擁護することに身を捧げる人たちを動かすこともないのです。

しかし、すでに述べた理由のために、責任の問題が起こることも無さそうです。強き者は、己の罪はおろか、調査からも、自ずと免れているのです。[12]

――バグダッドの放射能保護センターは、劣化ウラン装甲貫通ミサイルが戦車を直撃した場所から廃物置き場へと再び移動するまでに、「明らかな放射性物質の跡」を発見しました。アメリカとイギリスの除染義務はどのようなものでしょう。[13] また、どの程度それは実現可能でしょうか。

義務は、法的ないし道徳的なものでしょう。アメリカとイギリスの侵攻は、侵略行為という犯罪に関する教科書的な事例でした。「最大の国際的犯罪であるが、他の戦争犯罪と異なるのは、それ自体に全体の悪が集積しているという点である」。ニュルンベルク法廷での表現です。ナチスの戦争犯罪者たちは、この罪を犯したことで死刑にされたのです。私たちはそれゆえ、ニュルンベルク法廷が司法権による殺人であり、それゆえ、私たちの犯罪であったと譲歩するか、あるいはジョージ・ブッシュ、トニー・ブレア、そして彼らの共犯者たちは、ニュルンベルクで確立された法的原則に服すべきだと認めるか、どちらかについて、率直であるべきです。除染作業は法的な見地からはひとつの重要な義務でしょうが、全体の文脈からすればさして重要ではありません。最低限、アメリカとイギリスはイラクに対する犯罪に、巨大な償いを果たす義務があります。

道徳的な見地からの判断は、どのような道徳原則に則るかにかかっています。もし犯罪が「敵国」によってなされたのなら、除染作業――実際にはそれ以上ですが――は、明らかに道徳的な義務とみなされたでしょう。それゆえ、もし私たちが、考慮に値する全ての道徳規範に見られる、最も基本的な道徳原則のひとつを受け入れることができるならば、私たちにとっての義務は以下のようなものとなります。すなわち、私たちが他者に押し付ける基準を、さらに厳格にではなくとも自らにも適用すべきであるという、普遍的な原則です。

どれほど実現可能でしょうか。支配的なエリート層、とりわけ教育を受けた階級が、文明の段階を押し上げる努力――残念ながらその兆しはありませんが――をしないかぎり、まず実現不可能です。実際、その問題を話題にすることさえ、恐怖や、時にはヒステリーを引き起こします。

――意図的なものであれ意図しないものであれ、放射性物質の放出という問題を隠蔽することは、放射性物質それ自体と同等の危険を引き起こすでしょうか?[14]

おそらくそうでしょうね。しかし、最大の脅威は、もし恐ろしい犯罪に対して本当に関心があったとしても、既知の事柄ないし容易に知りうることから目を背けたり、抑圧したりすることです。もちろん誰かが有罪のときは大きな苦悶がありますが、決定的な場合というのは、つねに、私たちが加害者の時です。基本となる道徳的な見地からすれば、それは明らかに私たちにとって最も決定的な場合なのです。加害者であることへの気づきも、無力ながら存在します。トマス・ジェファソンが奴隷制の犯罪に言及した有名な言葉があります。「神は正しい、神の正義は永遠に不滅であると悟る時、私は祖国のために身を震わすのだ」。偉大な策略家で、明白なる運命（マニフェスト・デスティニー）＊の理論的立案者ジョン・クインシー・アダムズは、よく似た思想を表明し、先住民族の「皆殺し」を考えていたのです。「容赦なく不実かつ残忍で［……］この国民にひそむ憎むべき罪。奴らに対して神がいつの日か審判を下されると信じる」。彼らの存在は、今日の状況において、嫌になるほど想起されるべきでしょう。自らの「主」への帰依を最も雄弁に説く者は、彼らのような考え方に対する侮蔑しか表明することはありません。そして言うまでもなく、彼らには大勢の仲間がいます。アメリカとその知的共同体は、もちろんのこと、新たな地平を切り開いてはいません。この人たちは、歴史上ずっと、権力システムに特有の道を後追いしているのです。思うに、私たちはこのすべてを、最も進んだ文化と、基本となる思慮深さ、誠実さ、道徳的な一貫性についての最低限の基準とのあいだに横たわる、巨大な亀裂を示すものと見るべきです。私たちが議論していることとかけ離れてはいますが、小さな問題ではないのです。

＊明白なる運命（マニフェスト・デスティニー）：アメリカ合衆国は北米全土、とりわけ西部の支配開発をすべき運命を神の使命として担っているという思想。一九世紀半ばから後半にかけて唱導された。

第4章　核の脅威

――核戦争に通じうる当面の緊張とはどのようなものであると理解していますか。私たちはどれほど核戦争に近いところにいるのでしょう？

　実際、喜ばしくないことに、一九四五年以来、私たちは核戦争に何度も近づいてきました。核戦争の重大な危機をはらんだ時局は、実にたくさんありました。一九六二年にはかなり近づいていましたし、さらに、アメリカ合衆国だけではありません。インドとパキスタンも核戦争に何度か接近してきましたし、問題は残ったままです。インドとパキスタンの双方とも、合衆国の支援の下で核兵器の保有を拡大しています。イランにまつわる深刻な可能性――イランの核兵器ではなく、イランへの攻撃――がありますし、その他の要素が道を誤らせることになります。非常に緊迫したシステムですし、つねに緊迫状態にありました。アメリカ合衆国の自動システム――ロシアのシステムの方が、おそらくより悪いでしょうが――が核攻撃について警戒を発した例は無数にあります。それにより、時間内に、時には数分のあいだに、人的介入がたまたま行われた場合を除いて、システムが自動に反応して爆発を引き起こします。[1]火遊びをするようなものです。可能性としては低い出来事ですが、長期にわたる可能性の低い出来事というのは、可能性が低くないということです。

無視してはならないもう一つの可能性があります。核によるテロです。例えば、ニューヨーク市の「汚い爆弾（ダーティー・ボム）」*のように。大した設備は必要ありません。私は、このことに取り組んでいるアメリカの諜報機関やハーバード大学のグレアム・アリソンのような人間を知っていますが、彼らは、この先何年かのうちに、核によるテロが起る可能性をかなり高く見積もっています。だ

＊「汚い爆弾（ダーティー・ボム）」：通常の爆薬と放射性物質を混合した爆弾。核爆発は起こさず、核物質の拡散によりその地域を汚染し、人びとが居住できなくするために用いられる。二〇〇六年にイギリス在住だったディーレン・バロットは、ワシントンDCの世界金融機構や世界銀行の入ったビル、ニュージャージー州のニューヨーク株式市場の建物地下の駐車場を本拠として、無実な人びとの殺害を目論んだ罪で有罪となった。

から無数の可能性があると思うのです。どんどん状況は悪くなっています。ちょうど核拡散問題が芳しい状況ではないのと同様です。いくつかの例を取り上げてみましょう。二〇〇九年九月国連安保理は決議一八八七を可決しました。それは、イランに対する決議だと解釈されていました。ある部分ではそうなのですが、すべての国が核不拡散条約に参加することも呼びかけていました。問題となるのは三つの国です。インド、パキスタン、イスラエル。オバマ政権はただちに、これはあなたたちには該当しないとインドに伝えました。そして、イスラエルにはこれまでもこれからも該当することはないと伝えました。[2]

もしインドが核保有量を拡大したなら、パキスタンもほぼそうするに違いないでしょう。通常の兵力ではインドに敵いませんから。当然のことながら、パキスタンは合衆国の間接的な支援の下に核兵器を開発しました。レーガン政権はそのことについて何も知らないふりをしましたが、もちろん彼らは知っていました。[3]インドは決議一八八七に反応し、いまや超大国が保有するのと同等の威力を持つ核兵器を生産することが可能だ、と宣言しました。[4]その一年前、アメリカ合衆国はインドとの契約に署名しました。それは、それまでの核体制を反故にし、アメリカが核技術をインドに提供することを可能にするものでした。インドは核不拡散条約に署名していませんでした。それは議会の法規に違反してなされたことで、おそらく一九七四年ぐらいでしょうか、最初のインドの核実験に遡ります。アメリカ合衆国は原子力供給国グループを通じて強引にその契約を押し通し、そのことが多くの扉を開くことになりました。中国は反発して、パキスタンに核技術を輸出しました。インドの核技術は民間利用のためであるというのが合衆国とインドの主張ですが、それは、たとえインドがその技術を核兵器に転用しなかったとしても、大して意味を成さないのです。民間利用として使用したものを自由に核兵器へと転用できる、という意味なのです。[5]

　国際原子力機関が、イスラエルに核施設の査察を繰り返し要求してきたという声明が二〇〇九年に出ました。通常であれば合衆国とヨーロッパはこれを阻止することができていました。より重要なのは、諸々の国際機関による中東の非核兵器地帯化に向けた動きです。これはとても重要なことです。[6] すべての問題を解決することにはなりませんが、たとえどのような脅威をイランが提示すると思われているにしても――これはそれ自体でとても興味深い問いですが、さしあたり脅威があるとしましょう――それは非核兵器地帯によって確実に緩和されることでしょうし、終わりを告げるかもしれません。しかし、合衆国がそのあらゆる道筋を阻止しているのです。[7]

――イランの原子炉がブーシェフルで稼働している現在、目下の不安は、イランが、燃料サイクルから生産されたプルトニウムを、武器を作るために用いようとしていることです。イランの核兵器計画の可能性に対する問いは、イスラエルに向けられる問いと同じものです[8]……

一九六〇年代以来そうですね。そして実際、ニクソン政権はイスラエルにいわゆる曖昧政策――核兵器を保持しているか否かも言わないこと[9]――を止めるよう強いたり、説いたりさえもすることはないと文書外の合意を交わしました。それは、五年ごとの核不拡散条約（ＮＰＴ）再検討会議でもまだ生きています。一九九五年には、アラブ諸国、特にエジプトからの強力な圧力のもとに、非核兵器地帯へ向けて動くことに同意し、クリントン政権が署名しました。二〇〇〇年にも繰り返されました。二〇〇五年にブッシュ政権は、つまるところ、全会議を台無しにしました。基本的にブッシュらの言うことは、「なぜそうする必要があるのか」ということでした。

二〇一〇年五月にも再び提起されました。エジプトが今度は非同盟運動の一一八カ国に向けて語ったのです。彼らはこの年の主役であり、その方針の動議のために強力に行動しました。圧力が凄まじかったので、アメリカ合衆国も原則で受け入れ、決意を表明しましたが、ヒラリー・クリントンは「非核地帯の確立には機が熟していない」と述べました。[10] オバマ政権はイスラエルの立場にお墨付きを与えただけであり、結局は、「いいだろう。しかし、中東で包括的な平和合意がなされた後なら」と述べました。つまり、このような合意は合衆国とイスラエルが無限に引き延ばすことができるのです。ですから、それは根本的には、「結構。だが、決して実現しないだろうね」ということを言っているのです。このようなことはほとんど報道されることはないので、誰も知らないのです。ちょうど、決議がインドとイスラエルには適用されないとオバマが両国に伝えたことを、ほぼ誰も知らないのと同様です。このようなことの全てが、核戦争の危険を増加させることにしかならないのです。

実際には、それより多くのことが起きているのです。ご存知のように、イランに対する脅威は瑣末（さまつ）どころではなく、そのことが当然、この国が抑止力としての核兵器といった方へ向かうきっかけになっています。オバマはとりわけ、合衆国がディエゴ・ガルシア島に有している攻撃能力を強力に増進させてきました。合衆国が中東と中央アジアを爆撃するために使っている主要な軍事基地がある島です。[11] 二〇〇九年一二月、米海軍はディエゴ・ガルシアに原子力潜水艦の潜水母艦を派遣しました。おそらく、すでにそこで待機していたのですが、これはその能力を拡大するためであり、米海軍はイランを核兵器で攻撃する能力を確実に持っているのです。また、オバマは大型貫通爆弾の開発を急激に促進させましたが、この計画はブッシュ政権下ではずっと棚上げにされていました。オバマは、政権の座に着くやいなやその計画に拍車をかけ、数百もの大型貫通爆弾をディエゴ・ガルシアに配備すると——アメリカでは報道されていないと思いますが——控えめに告知したのでした。すべてイランを標的としたものです。その計画のすべてが、かなり深刻な脅威なのです。[12]

　実際、イランの脅威という問いはとても興味深いものです。それが現在の主要な問題であるかのように議論されています。アメリカのみならず、イギリスでもそうです。二〇一二年は「イランの年」であり、イランが主要な脅威で、主要な政策問題です。そこで疑問が頭をもたげます。何がイランの脅威なのか？　それは決して真剣に議論されることはありませんが、当局側の答えは存在します。それでも、報道はされないのです。当局側の答えは、二〇一〇年四月に国防総省と諜報機関によって提示されました。諜報機関はグローバルな安全保障体制について議会に毎年報告しています。そしてもちろん、イランのことを議論しています。[13]非常に明確にされたのは、脅威は軍事的なものではないということです。報告によれば、イランは当該地域の基準からしても非常に低い軍事費しか支出していないのです。イランの戦術的原則は完全に防衛を主軸としており、外交が機能し始めるのに充分な程度、外からの侵入を長引かせるように設計されています。戦力を海外に配備する能力はあまりないのです。もしイランが潜在的な核——武器とは同等ではありません——を開発しているとしても、それは抑止的な戦略の一部であると報告されています。このことは、ほとんどの戦略分析家でさえ当然とみなしていることです。それゆえ、軍事的脅威など存在しないのです。にもかかわらず、イランが世界中で最も重大な脅威だとアメリカは言っています。脅威とは何でしょう？　そう、興味深いですね。イランは近隣諸国に影響を拡大しようとしている。不安定化と呼ばれることをしている、だから、もしわれわれが彼らの近隣国に侵攻し、占領すれば、それは安定化だ。こういったことが基準として想定されています。そのような想定で基本的に意図されているのは、「見たまえ、われわれが世界を所有しているのだ」ということです。そして誰に対してであれ、命令に従わない者には攻撃的になります。

　事実、同じことがちょうど中国とのあいだで進行しています。それはある種の論争でしたが、アメリカ合衆国ではさほど議論されてきませんでした。

しかし、中国では、中国近海の制海権について議論されてきました。中国の海軍が拡張していることはここでも議論され、主要な脅威として説明されています。中国がなそうとしているのは、中国近隣の水域――南シナ海、黄海など――を制御可能にすることであり、それがここでは攻撃的意図として説明されています。国防総省はちょうど中国の危険に関する報告を公開しました。中国の軍事費は増加しています。今では、合衆国がイラクとアフガニスタンで支出する総額の五分の一に上ります。それはもちろん、合衆国の軍事費のほんのわずか一部にあたります。先日、合衆国は中国近くの海域で海軍演習を実施しました。特に先進的な原子力空母ジョージ・ワシントンをこれらの海域に送り込む計画について、中国は抗議しました。中国によれば、ジョージ・ワシントンの存在によって、北京を核兵器で爆撃される可能性がある。そのため、中国はこれを嫌がりました。アメリカはこう述べて形式的に返答しました。中国が攻撃的になっているのは、アメリカが海域の自由を邪魔しているからだ、と。戦略分析の文献を見れば、このケースは、古典的な安全保障のジレンマに当たるでしょう。そこでは二者が対立します。各々が自らの行動を安全にとって不可欠であり、他方を自らの安全を侵害しているとみなすとき、脅威が深刻であると認めることになっています。だから、中国がその海域を制御しようとするなら、それは侵略行為であり、われわれの安全を脅かしている、ということになります。古典的な安全保障のジレンマですね。中国がカリブ海で、もっと言えば、太平洋の真ん中で、海軍演習を実施していると想像してみればいいのです。癪にさわると考えられるでしょう。イランの例とよく似ています。基本的に想定されているのは「われわれが世界を所有するのだ」ということ、そして、われわれの領土内――それは世界の大部分なのですが――でのいかなる主権の行使も侵略なのです。

――これらの問題に関して、「原子力の人種主義（レイシズム）」といったものはありますか？

核兵器がなかったとしても同じだと思います。つまり、長期にわたって計画された想定までさかのぼるのであり、それが人種主義（レイシズム）だとは思いません。具体的な例を見てみましょう。今では多くの内部文書が閲覧可能ですし、ニクソンの時代に興味深いものがあります。ニクソンとキッシンジャーが一九七三年にチリの政府を転覆しようとしていた時、彼らの取った立場は、この政府は癪にさわる主権を行使しており、われわれに脅威である、だから潰されなければならない、というものでした。[14] キッシンジャーはそれを、他の場所、おそらく南ヨーロッパにも感染を広げるかもしれないウイルスと呼びました。チリが南ヨーロッパを攻撃するだろうということではなく、チリのように成功した社会民主主義に基づく議会制度が、スペインやイタリアに誤ったメッセージを送るだろう、ということです。彼らも同じことをしようとするかもしれず、そうしたら感染が広がりシステムが崩壊することになるだろう。そして彼らが理解し、実際に宣言したのは、もしわれわれがラテンアメリカを支配できなければ、どうして残りの世界を支配できるだろうか、ということです。われわれは少なくともラテンアメリカを支配しなければならない。懸念としてあったのは――それはたいてい無意味でしたが、実際にあった懸念なのです――ソ連のラテンアメリカへの進出であり、彼らが認識していたのは、もしヨーロッパがラテンアメリカに関与すれば、ソビエトのいかなる進出をも抑止することになる、ということです。しかし彼らは、それは当該地域のアメリカ支配を邪魔することになるからアメリカはそれを許容しない、と結論づけたのです。だから人種主義（レイシズム）ではないのです。どちらが支配において優位に立つかの問題なのです。

　実際、同じことが北大西洋条約機構（ＮＡＴＯ）とのあいだでも起っていました。なぜソビエト連邦が崩壊した後もＮＡＴＯが消滅しないのか？　プロパガンダを理解するひとならば言うでしょう。「そう、消滅すべきだ。ヨーロッパをロシアの連中から守るためだったのだから」と。いいだろう、もうロシアの連中は居ない。だから消滅すべきだ。ＮＡＴＯはゴルバチョフへの口約束を破って拡大しました。思うに、拡大したのは、おおむねヨーロッパを支配下に置いておくためでした。ＮＡＴＯの一貫した目的のひとつは、ヨーロッパが独自の道に、おそらくある種のド・ゴール主義に移行することを防ぐことでした。ヨーロッパが家臣のままでいることを確かなものにするために、ＮＡＴＯは拡大されなければなりませんでした。第二次大戦中のその計画に関する記録をたどってみると、とてもためになります。ほとんど議論されることはありませんでしたが、ルーズベルト政権下の一九三九年から一九四五年のあいだに首脳級会談が行われ、戦後の計画を立てたのです。アメリカ合衆国が少なくともかなり優勢に戦争を終え、おそらく完全に勝利するであろうことはみな知っていました。どれほど完全なものかは、最初は分かりませんでした。確立された原則はとても興味深く明瞭であり、後に実行に移されました。彼らが構想したのは「グランドエリア」という概念であり、アメリカがその地域を支配することになっていました。そのグランドエリアには、アメリカの計画を邪魔する主権の行使があってはならない。こう言っているのは明らかです。グランドエリアとは何か？　そう、最低でも、全西半球、全極東、そして全大英帝国——かつての大英帝国——です。そこにはもちろん、中東のエネルギー資源が含まれます。ある上級顧問が後に述べたように、「もしわれわれが中東のエネルギーを支配できたら、われわれは全世界を支配することができる」のです[15]。それがグランドエリアです。

ロシア人たちがスターリングラードの攻防の後にドイツ軍を苦しめ始めた

時、アメリカはドイツが弱体化したと認識しました。当初は、ドイツが戦後に強国として頭角を現すだろうと考えたのです。だからグランドエリア計画はできるかぎりユーラシア大陸の大部分へと拡張されたのです。そこには少なくとも、地域の産業・通商の中心である西ヨーロッパが含まれていました。それがグランドエリアであり、その地域内では主権の行使はありえません。もちろん、アメリカは主権を奪うことなどできません。

例えば、中国はあまりに巨大すぎてあごで使うことはできませんから、自らの主権を行使しているのです。イランも主権を行使しようとしますが、小国なのであごで使うことができる、そうアメリカは考えています。ラテンアメリカさえも制御不可能になってきました。ブラジルは命令に従いません。実際、南米の多くは従っていませんし、その全体像はワシントンに幾多の落胆をもたらしています。公式声明を見ればそのことが分かります。中国は合衆国のイラン制裁を気にもかけていません。合衆国のイラン制裁には全く何らの正当性もないのです。ただ人びとがアメリカ合衆国を恐れているというだけです。ヨーロッパは多かれ少なかれこの流れに従っていますが、中国はそうではありません。中国は事態を無視しています。彼らは国連制裁を認めていますが、制裁には形式上の正当性はあるものの、効果は無いので、満足して事態を静観しています。国連制裁の主な帰結は、イランから西洋の競争相手を閉め出しておくことです。そのために、中国はそこに乗り出し、好きなようにすることができます。合衆国はそのことに動揺しています。事実、国務省は非常に興味深い声明を出しました。興味深いというのは、その絶望的なトーンのためです。彼らは中国に警告しました。これはほぼ引用になります。「もしあなたたちが国際社会に受け入れられたいならば、国際的責任を引き受けなければならない。国際的責任とはわれわれの命令に従うことだ」。アメリカの計画立案集団の絶望だけでなく、中国外務省の反応も想像できるでしょう。なぜアメリカの命令に従わなければならないのか？　中国は、おそらく一笑に付していることでしょうし、自分たちの好きなように振る舞うでしょう。

　中国は世界の強国としての地位を復権しようとしています。彼らが「恥辱の世紀」と呼ぶ時代以前には、長いあいだ唯一の世界的強国でした。彼らは今、自らが世界の中心であるという三千年の伝統に回帰しているのであり、野蛮人を駆逐しているのです。そのため、「いいだろう、われわれはそこに戻れば良いのであって、アメリカはその動きをどうすることもできないのだ」という主張が出てくるのです。このことが巨大なフラストレーションの原因となっています。それゆえ、中国がアメリカのイラン制裁を一顧だにしないと、アメリカはひどく動揺するのです。今ではイランの制裁について孤立しているのは中国やイランではなく、アメリカ合衆国です。一一八カ国、世界のほとんどにも上る非同盟諸国は、常にイランがウランを濃縮する権利を支持してきましたし、いまだに支持しています。トルコは最近、イランへのパイプラインを建設しましたし、パキスタンもそうしました。トルコはイランとの貿易を進展させてきましたし、数年先には三倍にする計画です。アラブ世界では、人びとの意見はアメリカ合衆国に対する怒りに満ちているため、実質的には絶対的多数が、今では単にイランの原子力エネルギー開発だけではなく、核兵器開発に賛成しています。アメリカはそれをあまり真剣に受け取らないようにしており、独裁政権によって人びとを支配できると思い描いています。しかし、トルコが関与し、あるいは、そう、中国が関与すると、それは脅威になります。そのため、このような絶望的なトーンがあるのです。

ヨーロッパを除けば、ほとんど誰もこのことに関してアメリカの命令を受け入れてはいません。ブラジルはおそらく南で最重要の国です。先日、ブラジルとトルコは、イランと取引を交わし、大量のウランを濃縮する契約をしました。アメリカは直ちにそのことを批判しました。それは彼らにとって困るのです。しかし、世界を支配することはもはや困難です[16]。グランドエリア計画は、合衆国が圧倒的に優勢だった第二次大戦末期には上手くいっていましたが、それ以来——ここ数年かなり——綻びが目立ってきました。思うに、このことは核不拡散の問題と関連しています。合衆国はインドとイスラエルを強力に支持していますが、その理由は、アメリカがインドを緊密な戦略的同盟国へと変えてきたからです。イスラエルはつねにそうでしたが。他方でインドは冷静に対処しています。彼らは中国との関係も向上させていますから。

――オバマ大統領は、最近、オーストラリアに軍事基地を保有する権利を確保しましたし、あらたな自由貿易契約である環太平洋パートナーシップ（TPP）を形成し、そこから中国を排除しています。この動きは南シナ海と関連していますか？

そう、とりわけそれと関連していますが、もっと一般的なものです。関連しているのは、私が先ほど戦略分析の文献に言及しつつ触れた「古典的な安全保障のジレンマ」です。中国が近海および主要な貿易航路に一定の影響力を行使する試みは、アメリカが「海域の自由」と呼ぶものとは矛盾しています。ここで言う「海域の自由」とは、カリブ海や世界の大部分の海域における中国の軍事行動には当てはまらないが、アメリカが軍事行動を実践し、どこにでも海軍基地を作る権利は含むのです。別の理由で、近隣諸国、特にベトナムとフィリピンは、周辺海域に競合する権利を持っているために中国の行動にあまり浮かない顔をしていますが、他の国々も同様です[17]。アメリカの政策の焦点は、公然と宣言されたように、次第に中東から――もちろんそれは残存していますが——太平洋へと移行しています。それには、オーストラリアから韓国に至る新基地建設（そして沖縄をめぐる継続的で非常に重要な抗争）が、そして、他の似たケースと同様にその名は現実を示すというよりもプロパガンダに近いのですが、「自由貿易協定（ＦＴＡ）」が含まれます。[18]その多くは、「中国を牽制する」システムなのです。

——現在の海洋主権に関する紛争は、どの程度、石油およびガス資源と関連していますか？

それは部分的ですね。海の下に眠る地下資源は存在しますし、当該地域の国家間の議論の大部分は、それらの権利に関するものです。しかし、それ以上のことが絡んでいます。韓国の済州島（チェジュド）の新米軍基地*は、島民達による身を切るような抗議に直面していますが、エネルギー資源とはあまり関係がありません。中国の主要な貿易航路であるマラッカ海峡は石油とガスが関係していますが、他の問題も関わっています。[19]

＊済州島の新米軍基地建設：済州島の江汀（カンジョン）村の海岸線沿いに米軍が海軍基地を建設中（二〇一四年五月現在）。韓国政府やサムスンなどの大企業も工事にかかわっている。政府及び済州

背景には、現代版のグランドエリア政策といってもよいアメリカの支配と影響から逃れる地域をめぐっての、より一般的な関心があります。この大部分は、かつての覇権的強国によるやり方の延長なのです。アメリカによる第二次大戦後の計画とその実行は、唯一無二の富と権力のおかげで、ずば抜けたものでしたが。

島知事は基地建設を推進するが、住民投票では圧倒的多数で否決された。海岸沿いに八〇〇メートルにもわたって続く「クロンビ」という名の溶岩岩（岩の中から水が湧き出るほど古い）は、住民たちの憩いの場であり信仰の対象になっていたが、多くの反対にもかかわらず火薬で爆破された。反対派を大量に逮捕するなど有無を言わせない方針をとる。また、国内外からの支援者には、入国禁止措置や多額・多重の賠償金を課すことで、分断・弱体化を図っており、状況は厳しい。規模は異なるものの、沖縄本島北部の高江（たかえ）を「標的」として、戦闘機オスプレイMV―22の離着陸帯建設に反対する住民を「いやがらせ裁判」（SLAPP訴訟）にかけるなどしている日本政府のやり方を彷彿とさせる。

第5章　中国とグリーン革命

ラリー・ポーク：アメリカにおけるエネルギー改革の先進的研究に従事しているのは、ゼネラル・エレクトリック、IBM、レイセオンといったおなじみの顔ぶれです。そして、エネルギー省は核融合の研究に融資しています。エネルギー高等研究計画局と呼ばれる全く新たな部局は国防高等研究計画局を基盤としており、エネルギー開発に焦点を絞っています。兵士たちは現在、戦場で太陽光電池を使用していますし、海軍は微細藻燃料を試験中です。[1]

ノーム・チョムスキー：軍を運営せねばならないのです。私たちにはほぼ関係のないことですが。利益と軍事、これら二つが重要なのです。軍はもちろん利益と無関係ではありません。[2]

――どこが何を開発しているかを知るとがっかりしますね。これらの企業体が、エネルギーを市場に売り込む方法がかつてと別様であるようにはとても思えません。

それは、とても単純な家の防寒対策などを例にとってみても当てはまります。防寒といっても高度な技術のものではありません。かなりの数の人びとに仕事をもたらしますし、経済に対して大きな刺激となるでしょう。そして、気候変動の効果を遅延させるにあたってきわめて効果的でしょう。問題の解決にはなりませんが、少なくとも何かしらを行う時間をもたらします。

最近では、防寒対策を行うイギリスの会社が、自分たちはイギリスでなし得るあらゆる事をやってきたのだと表明しました。ほぼ皆が対策を行なってきているため、その会社はアメリカ合衆国の広大な未開発市場に移行したかったのですが、何の補助も得られなかったので、そこで経済的に上手くいくかどうか確信が持てないのです[3]。

そして実際、それが「グリーン技術」に関して起こっていることなのです。中国では、グリーン技術の開発を支援するシステムがあります[4]。アメリカ合衆国も同じことをしていますが、大部分は軍事技術の支援のためです。そこが現に昔とはちがう所であり、後退してしまった所です。植民地時代以来、実際の合衆国の経済は、相当な部分を政府の介入に依存してきました。そのような依存は独立の最初期に遡りますし、一九世紀後半には産業の発展のためでした。交換可能な部品の製造や品質管理などを含むアメリカ流の大量生産システムは世界を驚嘆させたのですが、主として政府の兵器工場で設計されたのです。鉄道組織は最大の資本投資の対象であり、当然、経済の発展と拡張にとって非常に重要だったのですが、アメリカ陸軍工兵司令部が管理していました。民間事業としてはあまりに複雑だったのです。

テイラー主義は、本質的に労働者をロボットに変えてしまう管理技術ですが、政府ないしは軍の産物でした。同じことは、一九二〇年代のラジオにも言えることですが、その傾向が急激に高まるのは戦後の時期です――そう、ちょうど私たちがいるこの場所で。私たちが座っている場所の下には、第二次大戦時の仮設建築がありました。それは私が何年もいた場所ですし、一九五〇年代、それから六〇年代とそれ以後を通じて、コンピューター、初期のインターネット、情報技術、ソフトウェアなど、現代のハイテク革命をもたらすあらゆるものが開発されていた場所です。そのほぼ全てが、国防総省――当時の高等研究計画局、現在の国防高等研究計画局――ないしは、陸海空軍の融資によるものでした。それが実質的にアメリカのハイテク産業の基盤を作ったのですが、時には大きな遅れを伴うものでした。現代の経済の核ともいいうるコンピューターでさえ、一九五〇年代初頭あたりから開発されており、大部分は政府の融資によるものでした。それらはほぼ三〇年のあいだ、商業的にはもうけにならなかったのです。

ＩＢＭは、六〇年代初頭にはついに自社コンピューターの生産にこぎつけました。そうするために、政府融資による研究所で充分な技術を身につけたのです。その時は世界で最速のコンピューターでしたが、ビジネス利用には高価過ぎたので買い受けることができず、政府が購入したのです。ロスアラモス研究所のためだったと思います。実際、コンピューターだけでなく、全経済にわたって、政府の買い上げは巨大な補助金のかたちをとってきましたし、それは継続しているのです。[5]

経済の発展はそのようにしてもたらされてきたのです。今では私たちは中国に対して金切り声を上げています。中国は同様のことをグリーン技術に関して行なっており、私たちはそうしていないからです。私たちは、このようなことがもはやあまりなされない程に後退してきました。いまだに多額の買い上げはあるのですが。ＭＩＴのキャンパスを歩きまわってみれば、製薬会社と遺伝子技術会社の大きなビルが目に入ります。政府から融資を受けた理念や技術、開発に多くを依存しているからです。それが、研究所とＭＩＴのような研究大学でなされていることなのです。五〇年前にキャンパスを歩きまわってみれば、始まったばかりの小さな電子関連企業が目に入ったでしょう。実際、現在の一二八号線にあり、それがレイセオン社となったのです。ハイテク地帯ですね。[6]

この事に目新しいことは何もありません。このようにして経済が発展するのです。例外があったとしても、私はそのようなものに出くわしたことがありません。イギリスの発展も似ており、一八世紀初頭から膨大な国家介入を下地にしていました。同じことが、アメリカ、ドイツ、フランス、日本、東アジアの奇跡のすべてに関しても、もちろん中国についても当てはまります。理由は明白ですが、市場システムによって、技術が根本的に刷新されたり発展したりすることがないからです。技術の刷新や発展には、長期にわたる計画が必要とされます。ただちに利益をもたらすということはないのです。それに、費用がかかります。国家がそれを買い取り、納税者がいわばその支払をします。本質的には、公的補助によって私的な利益を上げるシステムなのです。それが資本主義だと言われていますが、資本主義とは似ても似つかないのです。

――では、コーク産業は？

窓の外に見えますよ。あれがコーク兄弟の建物です。

——そうして納税者の金が流れこみ、産業利害と大学資源の混交がある、と。資源とは知的資本のことですが……

かなりの部分が、公的に融資されていますね……

——そして、知的所有権というフィルターを通って、技術革新は流出すると……

それは政府補助金のもうひとつの、それも主要なかたちですね。世界貿易機関（WTO）の規則を見てみましょうか。WTOは、発展途上国に特許条項を押し付けてきました。それは、もし富裕国が遵守しなければならなかったとしたら、自らの産業発展の首を絞めることになるような条項です。[7] 例えば、アメリカ合衆国はかなりの部分をイギリスからの技術移転——現在では著作権侵害と呼ばれますが――に依存していました。イギリスの方がより進んでいたからです。実際、イギリスは、より進んだ技術をインドやアイルランドから移転させる際に、また、ローランド地方〔スコットランド中部〕、ベルギー、オランダの熟練労働者を移転させる際に、同じことをしました。私たちがそのときイギリスに対してしたことを他の国々もしようとしているのですが、自由貿易協定（ＦＴＡ）というものによって阻まれています。つまり、われわれは自分たちの欲しいものは守るが、お前たちには市場の厳しさがお似合いだ、ということです。

このことに関しては優れた研究がなされてきました。ＷＴＯの厳格な特許規制から主に利益を受けているのは、製薬会社なのです。彼らは研究開発のためにそれが必要であると主張します。これについては、とりわけディーン・ベイカーという非常に優れた経済学者が注意深く検証しました。彼は記録を精査し、製薬会社自体は自分自身の研究開発のほんのわずかな部分にしか融資していないこと、そして、その研究開発がマーケティングや模倣薬品の規制などへと向けられる傾向があるため、人を欺くことを明らかにしました。基礎となる融資は、政府ないしは基金からのものです。ベイカーは計算して、もし大製薬会社の研究開発に対する融資が一〇〇パーセント公的な融資に引き上げられ、また彼らが市場で商品を売らざるを得なくなれば、消費者にとって膨大な節約になり、特許権もいらないだろうとの結論に達しました。[8] ですが、それは考慮する価値のないことなのです。利益を妨げるものが考慮の対象になることはない。議論さえ成り立たないのです。

——研究開発のための、連邦による融資の分配、補助金、そして買い上げにおいて、政治家はどのような役割を果たしているのでしょう?

　当然のことながら、議会は融資を提供しますし、行政は様々な決定と実行に深く関わっており、終始、産業ロビー集団と密接に関わることになります。それを別にしても、政府で決定権を持つ人びとには、他のいくつもの方向で、補助金と政府買い上げから利益を受けている会社の人間たちと親密な絆があるため、会社の規則にのっとってゲームをするならば、選挙の際の融資から民間部門での特権的な地位にいたるまで用意されているのです。[9]

――巨額の投資に加えて、どのような要因が中国をグリーン技術の先導役としてきたのでしょう？

ビジネスに関する報道や技術を扱う専門誌は多くの要因を挙げていますが、なかでも重要なのは、必要なインフラの供給です。グリーン技術の場合、中国はかなり控えめに開始し、着実に先を行っています。

太陽光パネルを見てみましょう。中国はありきたりの方法で製造を始め、市場で大きなシェアを獲得しました。技術革新と開発のかなりの部分は、製造の経験から来ています。これは労働集約型産業ではないため、低労働賃金は明らかに主要な要因ではありません。次第に、中国は先進的な太陽光パネル技術において先頭を走ってきましたし、今では、実質的に国際市場を支配しています。アメリカが先進的な製造業でどれほど後塵を拝しているかを例証すると、米エネルギー省長官のスティーヴン・チューは、現地調査の後にサンテック電力を称して、世界でも記録的な効率で動く太陽光電池を発展させてきた、ハイテク化かつオートメーション化された工場であると述べました。それが国家産業政策の枠組みのなかで、注意深く計画してきた結果なのです。欠点もありますが、本物の成功でもあるのです[10]。

第６章　研究と宗教（あるいは、神の見えざる手）

ラリー・ポーク：ほとんどの州で、有権者の四割は福音派です。ピュー研究所*の指摘によれば、福音派キリスト教徒は、おおむね人間由来の気候変動説を拒否しており、地球の温暖化に確たる証拠があることにさえ懐疑的です。[1] 宗教右派の極端な信条は、商業利益のためになっている、あるいはその逆もまた言えると思うのです。

ノーム・チョムスキー：興味深い組み合わせですね。ビジネスの指導者層には世俗的な傾向がありますから。社会問題については、彼らはいわゆるリベ

＊ピュー研究所：ワシントンDCに本拠を置くシンクタンク。

ラル派です。この人たちは世界基準というものにのっとり、まったく嬉々として、過激な宗教組織をある種の突撃隊として動員し、支持します。いわばそうする必要があるのです。近年のアメリカの歴史を見てみましょう。つねに、とても宗教的な国でした。しかし、過去三〇年かそこらまで、宗教右派の政治動員はあまりなかったのです。それが八〇年代にかなり増加しました。この動きを先導していた共和党員たちが公共の利益に大いに反する立場を取り始めたために、潜在的な票を失い始めたという事実と関連すると思います。この人たちはある種の有権者を動員しなければならなかったので、いわゆる「社会問題」に救いを求めたのです。会社の最高経営責任者（CEO）は、例えば、堕胎を禁止する法律があったところで、大して気にもかけません。そのくらいの社会的階層ならば、どのような法律があろうとも、何とでもなるのです。欲しいものはすべて手に入るのです。

もし、あなたが有権者の見方をバカにしつつ、エサを投げ与えなければならないとするならば、同じことをするでしょう。ある意味で、環境は最も顕著な事例です。全米商工会議所などに投資している主要な会社のCEOたちに意見を聞いてみれば、この人たちの回答は大学の教授会のメンバーの場合と酷似しているでしょう。おそらく、この人たちは私生活においてはシエラクラブ*に寄付するかもしれませんが、公的な役割としてはそうしないのです。公的な役割においては、地球温暖化への支持を切り崩すプロパガンダに投資するだけでなく、このようなプロパガンダを動員している政党も支持します。[2]制度的役割と、おそらくは個人的な信条のあいだの、きわめて興味深い分裂です。制度的な役割においては、この人たちには、短期利潤と市場占有率を最大にしなければならないという役目があります。彼らの仕事と給与はそれにかかっているのですから。その制度的役割が、私が思うに、この人たちを長期にわたる破壊への、かなり自覚的な関与へと駆り立てているのです。

——共和党と手を組んでいる人たちの多くが、気候科学者は信用しうるのかと異論を唱えるものに資金提供している、そう思いますか？[3]

気候学者以外についても同様です。実際、世論調査を見てみると信じがた

*シエラクラブ：全米各地に支部を持つアメリカの自然保護団体。

いものがあります。前回このことに関する世論調査の結果を私が見たとき、議会への承認は一桁だったと思います。大統領らはみな腐敗しているし、オバマはどのみち反キリスト者にちがいない。科学者たちは信頼できない、頭の回るリベラル派だ。銀行は気に食わないし、大きすぎるが、金を積み立てる以外は何もするつもりはない。全面的にそんな感じです。制度への信頼は著しく低いですし、不幸なことに、後期のワイマール共和国といくらか似通ったところがあります。もちろん違いもたくさんありますが、気がかりな類似点もあるのです。

共和党のシンパは、きわめて客観的なものに訴えかけることができます。第二次大戦後の歴史を見てみましょう。最初の二〇年、五〇年代と六〇年代は、きわめて実質的な成長を伴う時期でした。実際、アメリカの歴史のなかでも最大の成長だった。平等主義的な成長です。人びとは物資を手に入れ、ここではないどこかへと移動することができ、将来の見込みに希望を抱いていました。七〇年代は移行期です。八〇年代以降は、国民の大部分にとって生活が比較的悪くなりました。実質給与と収入は、停滞ないしは減少しました。決して多くはなかった利益も、下り坂になりました。家族単位での労働時間の増加、持続不可能な債務、不動産インフレによるバブルがあっても、人びとは何とかやってきましたが、それが立ち行かなくなりました。

そのあいだにも、富は有り余っています。皆が貧乏であったなら、それほど目立ちはしないでしょう。『ニューヨーク・タイムズ』紙の一面を読むと目に入ってきますよ。数週間前、アメリカの貧困増加――それもかなりの規模ですが――に関する記事が特集されていました。もうひとつのコラムは、いかに高級品店が値段をつり上げているかについてでした。そんなにすぐには売れないのだから、値段を上げても同じだろうというわけです。人びとの目に映る国もそのようになっているのでしょう。だから怒りがあるわけです。正しい怒りが。状況をさらに悪くするより他に、そのような事態について何もなされていないのです。

それが幻滅に満ちた状況を攻撃し、そして、あらゆる制度組織は腐敗している、全部なくしてしまえ、と言うための当然の前提になっているのです。その背後にある意図は、お前たちがなくせばわれわれが支配する、というものです。不幸なことに、人びとがどのように考えようとも、それが自由主義信奉者（リバタリアン）が考えることの、本当の内実なのです。企業による独裁を効果的に呼びかけているのです。

――『プロテスタンティズムの倫理と資本主義の精神』でマックス・ウェーバーは書いています。「営利を追求する自覚的で絶対的な厚かましさが、伝統による厳しい拘束と共存していたことも珍しくはない[4]」。一九〇四年のウェーバーの洞察と、現在の状況のあいだに、何らかの並行関係は存在するでしょうか？

どんな伝統を想定するかによりますね。アメリカの産業革命初期には、労働者は自らが押し込められた産業システムを辛辣に非難し、自分たちの根本的な価値観を脅かすものだとみなしました。とりわけ非難の対象となったのは、「己（おのれ）以外のすべてを忘却して富を得よという新たな時代精神」、すなわち「営利を追求する自覚的で絶対的な厚かましさ」という教義にほかなりませんでした。[5] 同じことは、囲い込み運動に抵抗し、共有財（コモンズ）を守ろうとしたイギリスの人びとにも当てはまります。共有財（コモンズ）とは、本来、共有の財産および全ての人びとのための暮らしの源であり、全ての人びとが気にかけるべきものです。それは、長らく忘れられていますが、マグナ・カルタの核となる特色のひとつでもあります。[6] 営利を追求する厚かましさという教義によって、伝統を根源的に非難することを説明する例は、他にも無数にあります。ウェーバーも同意すると思いますよ。

――リック・サントラム*はオバマを責め立て、「大地を人間の上」に置く世界観を持つ過激な環境主義者と関連した「インチキ神学」を実践していると非難しました。サントラムは自分の神学を称して、「人間は大地に責任を持ち、支配し、その忠実な下僕であるべきだとする信条」と述べています。[7] 何をもって忠実な下僕とするかについて、世界観が一致していないようです。

ⓒ Gage Skidmore

*リック・サントラム：共和党所属の議員。元上院共和党協議会議長。熱心なカトリック信者としても知られる。

サントラムの言わんとすることは置いておくとして、あなたが引用した一節を取り上げてみましょう。大地の「忠実な下僕」である方法は、「それを支配」するといういかなる考えも放棄することであり、しかるべき謙虚さをもって、私たちのためだけでなく、他の生物のためにも、そして、将来の世代のためにも、自然界の持続に寄与する場をそれ自体のうちに見出さなければならない、と認めること。そして、その土地固有の文化のうちで、しばしば最も確固としたかたちで、そして、納得の行くかたちで掲げられる価値を認めること。そのように言いうるでしょう。

――『信条と家族のために』という全国放送ラジオ番組の司会者リチャード・ランドは、キリスト教の有権者は、「知ったかぶりの野郎が真の知識人に斬首されるのを見たがっている。〔……〕ニュート・ギングリッチ*がオバマの首を切り裂いてくれるだろう」と述べました。[8] 彼は、ある種の知性主義は受け入れ可能であり正しいが、他はそうではないと言っているようです。

© Gage Skidmore

*ニュート・ギングリッチ：共和党の政治家で下院議長を一九九五年から九九年まで務める。政界引退後はシンクタンク研究員、FOXニュースのコメンテーターなどを務める。二〇一二年の大統領選挙では、ミット・ロムニーに次ぎ、オバマの有力対抗馬と目されていたが、反同性愛発言などにより候補を辞退。

過去の有名な公開討論会の記録を振り返ると、真剣な議論、重要な証拠、あるいは一般的な知的価値の末に、どちらかが「勝った」わけではないのです。むしろ、勝敗の結果は、ニクソンの五時の影、*レーガンの間抜けな微笑、「恥を知らないのか」*、「あなたはジャック・ケネディではない」*などのキャッチフレーズ次第で決まるのです。意外なことではありません。ディベートは、人間の発明のなかでも、最も非理性的なものです。理性的なやりとりを台無しにするように、ルールが作られているのです。討論者は、「それは素晴らしい論点ですね、私は自分の見方を考え直さなければなりません」と言ってはいけないことになっています。むしろ、自分が間違っていると気付いても、自分の立場に盲目的に固執しなければならないのです。「洗練された討論者」と呼ばれる人は、「勝つ」ためには、理性的な議論をするよりもペテンや詐欺をはたらくべきだと分かっています。リチャード・ランドが誰だか知りませんが、もし彼がギングリッチを「真の知識人」と見なしているなら、あまり深く考える意味を見いだせませません。

*ニクソンの五時の影（Nixon's five o'clock shadow）：一九六〇年、やはり大統領候補だったジョン・F・ケネディとの公開討論において、ニクソンはテレビ慣れしていないように見えた。髭が目立つスーツや討論中に汗を流す様子が、落ち着いたケネディと対照的で、敗因のひとつとなったと言われる。双方ともテレビ用のメーキャップをしなかったが、ニクソンのヒゲが「影」の由来と思われる。

*「恥を知らないのか」（have you no shame）：赤狩りの旗手ジョセフ・マッカーシー上院議員の行き過ぎた手法を批判した言葉として有名。

*「あなたはジャック・ケネディではない」（you're no Jack Kennedy）：一九八八年の副大統領選公開討論で、民主党副大統領候補ロイド・ベントセン上院議員が共和党副大統領候補のダン・クウェイル上院議員に語った言葉とし

概して、「知識人」という言葉は、公の問題について語るときに、一定の聴衆を獲得しうるほどに特権的な人たちを指すのに用いられます。世界的に偉大な物理学者は、たとえレーザー光さながらの熱量と集中力をもってヒッグス粒子の探求に献身していても、「知識人」とは呼ばれません。ほとんど形式的な教育を受けていない大工が、たまたま、経済の背後にある要因と国際関係とに非常に深い洞察を持ち、これらの問題を家族や友人に説明しても、「知識人」とは呼ばれません。教育を受ければ受けるほど、ますます無批判に物事を教えこまされ、順応主義的になるという証拠があります。しかしそれでも、あるいは、たぶんそれゆえに、このような人たちが認められた「知的階級」になる傾向があるのです。洞察、理解、創造的な知や同様の資質により緊密に関連した、別の概念を考案することもできたでしょう。そう、それは別の概念となるでしょう。

——自立して考えない懐疑主義に価値などあるでしょうか？

て有名になる。自信たっぷりの相手を誹る言葉として用いられる。ジャック・ケネディとは、ジョン・F・ケネディのこと。

自立した考えがなければ、懐疑主義は「私はあなたの意見を受け入れない」ということに単純化されてしまうように思えます。受け入れないのは正しいかもしれませんが、その立場は、良く練られた分析に基づき、賢明な別の選択肢があってこそ、価値があるのです。

――現在のアメリカを支配している気分は、良く練られた議論をする場がないことに加え、ある種の強欲と恐怖です。

アメリカは、最初からずっと何かを怖れてきた国でした。それは、興味深いですし、よく研究されているアメリカ文化の決定的な特徴です。今では、それは恐怖であり、希望が見いだせないということです。大恐慌のことを覚えているほど私は年寄りですが、客観的に見て、今よりずっと状況は悪かったのです。私の家族のほとんどは仕事の無い労働者階級でしたが、最初の何年か後には希望に満ちていました。上向きになるだろう、不況はなんとかすることができるし、人びとが集まったり政府が努力したりしているという感じがありました。状況は悪いけれども、私たちはここから抜け出すことができる、そういう感覚です。今はその感情はありませんし、きっと客観的にみてもそうなのでしょう。経済の金融化と生産の海外移転の道を続ければ、ここには労働者人口のためのものはあまり残らなくなるでしょう。

アダム・スミス*やデヴィッド・リカードウ*のような古典経済学者を振り返ってみると、面白いですよ。正確にはこのような言い方で語りませんでしたが、彼らはこのことに気付いていました。アダム・スミスの『国富論』を見てみると、有名な一節の「神の見えざる手」は一度しか出てきません。それは本質的には、ちょうど現在進行している事態の批判のなかで出てくるのです。彼がよく言っていることは、イギリスで商人や工場主が海外から輸入し、海外で売ることを好むならば、この人たちは利益を手にするかもしれないが、イギリスにとっては良くないということです。スミスが述べるのは、商人や工場主は、「自国偏重（ホーム・バイアス）」と時折呼ばれるものを手にするだろう、ということです。つまり、この人たちは国内で商売をすることを選ぶだろうし、そうすれば、あたかも神の見えざる手の仕業であるかのように、イギリスは

＊アダム・スミス：一八世紀イギリスの経済学者・神学者・哲学者。主著は『国富論』、『道徳感情論』。労働価値説の基礎を築き、「経済学の父」と呼ばれる。

＊デヴィッド・リカードウ：一八世紀イギリスの経済学者で自由貿易を擁護する理論を唱えた。経済学を体系化することに貢献し、古典派経済学者の中で最も影響力のあった一人としてアダム・スミスと並んで評される。

グローバル市場の惨状から救済されるだろう、というわけです。[9]

デヴィッド・リカードゥはもっと明確です。もしイギリスの工場主や投資家、商人が他の場所で商売をするならば、自分の比較優位論*は崩壊するであろうということを完全によく理解していると述べました。そして、このようなことがけっして起こってはならないこと、つまり、このような人たちが、おそらくは、自国に対して感情的に献身してくれることを大いに望み、そしてこの姿勢がけっして消えないことを望む、と語りました。その主張を何と思われようとも、古典経済学者の洞察はきわめてまっとうでした。そして本質的には、それが私たちの生きている世界なのです。

＊比較優位論（comparative advantage theories）　リカードゥが提唱した論で、比較生産消費説ともいう。自由貿易を前提とした貿易理論によれば、各国が自国の得意とする分野に特化し、その商品と他国で生産された商品とを貿易することにより、双方が国際分業による利益を得ることができるとされる。その場合、各国がどの分野に特化すべきかについては二つの考え方がある。第一は生産コストそのものに着目する考え方であり、他国に比べてコストが小さい場合にはその商品について絶対優位があるという。第二は、生産要素の存在量に着目する考え方である。たとえば、労働に比べ資本が豊富な国は資本集約的な財に比較優位があり、この財を生産し、労働が豊富な国の労働集約的な財と貿易することによって双方に利益が生じることになる。

第7章 驚異的な人びと

ラリー・ポーク：あなたのオフィスには、他の学術文献に交じって、バートランド・ラッセル*の大きなモノクロの写真がありますね。彼に会う機会はあったのでしょうか？

ノーム・チョムスキー：会うことはありませんでした。私たちの唯一の接点は、一九六七年に「非合法の権威への抵抗の呼びかけ」を発表しようとしていた時でした。ベトナム戦争へのたんなる抗議ではなく、抵抗への支持を呼びかけていたのです。私は著名な人物たちに支持を求めてコンタクトを取

＊バートランド・ラッセル：イギリスの哲学者、論理学者、数学者。イギリス首相を務めたジョン・ラッセルを祖父に持つ貴族。名付け親は哲学者のジョン・スチュアート・ミル。論理学や政治活動など、多方面で大きな功績を遺した。

るよう委任されました。私が最初に手紙を書いた人間がラッセルで、彼は直ちに返事をし、声明への署名に同意したのです。

——核不拡散に関するラッセルの仕事は、どれほどのインパクトを与えてきたと思いますか？[1]

充分なインパクトは持ちませんでした。ラッセルはアメリカでは評判が悪かったのです。『バートランド・ラッセルのアメリカ』という本に適切な話があります。[2]しばしば同様の視点を表明していたアインシュタインは、おおむね素敵な人物として扱われ、プリンストンに戻って研究すべきだと思われていました。それでも、目前にせまった容赦のない核兵器の脅威に終止符を打とうと模索していたグループ——当時はきわめて小さかったのですが——に、ラッセルの仕事は確かに一定の影響を与えたのです。後年、その運動はずいぶんと大きくなり、一九八〇年代までには非常に力のある民衆運動になったのです。おそらくそれは、レーガンが抗議を蹴散らすために「スター・ウォーズ」幻想を導入するきっかけとなった主な要因でした。このことについては、ローレンス・ウィットナーの素晴らしい仕事があります。[3]

――別の科学者で思い当たるのは、ライナス・ポーリング*です。彼もまた、ラッセル＝アインシュタイン宣言の署名者でした。あなたは、ポーリングに非常に敬意を抱いている、と述べていましたよね。

ポーリングは、偉大な科学者だっただけでなく、平和運動を献身的かつ有効に行なった人です。私が彼に何度か会ったのは、彼が平和運動に参加していたときのつながりによるものです。戦争、攻撃、核の脅威に関するパネルでした。

――同じ文脈で、あなたはペギー・ダフと、核軍縮キャンペーンにまつわる彼女の仕事にも言及しています。[4]

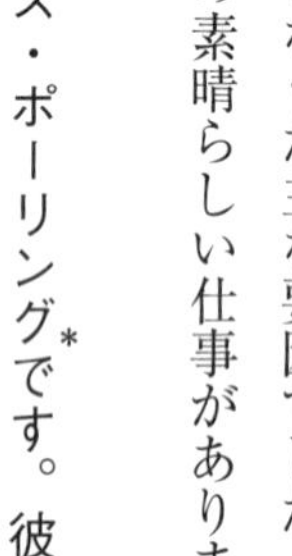

＊ライナス・ポーリング：アメリカの量子化学者、生化学者。二〇世紀における最も重要な化学者の一人。量子力学を化学に応用し、一九五四年にノーベル化学賞を受賞した。一九六二年、地上核実験に対する反対運動の業績によりノーベル平和賞を受賞。

ペギー・ダフは素晴らしい女性です。一九四〇年代後半に、彼女は戦後のイギリスによる、捕虜へのひどい扱いをやめさせようと活動していました。それから彼女は、核軍縮運動（CDN）の主導的人物となり、すぐに続いて、ベトナム戦争やパレスチナ人の基本的権利の残酷な否認のような他の重要な問題への異議申し立てを、国際的運動として組織するにあたって原動力となったのです。彼女は、国際会議やその他を組織し、進行中の出来事に関して非常に価値のある有益な研究も発表しました。そして、一般メディアでは無いものとされるか、歪んで伝えられる資料を大量に見つけ出しました。本来なら、彼女はノーベル平和賞を受賞すべきでした[5]。

——先ほど言及された声明、「非合法の権威への抵抗の呼びかけ」は、あなたが共謀加担者として告訴された法廷訴訟での中心的な議題でした。あなたの妻キャロルは自分が一家の唯一の稼ぎ手になるかもしれない可能性に備えて研究に戻ることにしたということですが、これは、投獄の可能性があった事件と同一のものですか[6]？

審議が開始されるかなり前に、政府は、抵抗の指導者と——多くの場合誤って——みなした人たちを起訴する可能性がありました。キャロルが一六年の子育ての後に（私たちには三人の子供がありました）研究に戻ったのはそのような理由からでした。最初の審議では、私は共謀加担者としては起訴されませんでしたが、審理初日に、私が次の審理で主要な被告人となることを地方検察官が明らかにしました。それに対して、被告人の弁護人から抗議がありました。私が共謀加担者で、他の人たちが共謀者だとする理由は喜劇的でしたが、実際、全ての政府側の言い分はマルクス兄弟*に匹敵する喜劇であるといってもいいですし、警察が抗議や抵抗を理解する能力についての興味深い洞察をもたらしてくれたのです。[7]

——ポーリングは自分の関わった核不拡散の仕事について、このように語っています。「科学者としての私たちには、関連する危険について知識があります。それゆえ、これらの危険を知らせる特別な責任があるのです[8]」。科学

＊マルクス兄弟：アメリカのコメディ俳優。映画がトーキー時代になり、チャップリンやキートンに代わる新時代の喜劇映画スターとして活躍した。

について誠実であるだけでは充分ではなく、ひとは国際問題に関わったり、「安全」とは何を意味するのかについて、現存のものとは別の定義を追求する意志を持ったりしなければならない、と言っているように思えます。おそらく、政治家やその他の専門家階級の野心とは異なる社会的な方向性を持つことである、そう言うことさえできるでしょう。

基本となる道徳原則のことですよね。ひとは、特権によって機会を与えられ、機会によって責任を与えられる。専門家の知識は、特権を構成するもののひとつです。政治家は、時には特別な知識を持っているかもしれない。しかしそのようなことは当てにできません。

ラッセル、ポーリング、ダフや彼女らのような人たちには、高潔さがありましたし、正しい価値観に基づいて行動しようとしました。私の知るかぎり、古代以来のあらゆる社会には誠実な反抗者がいました。たいてい主流からは外れる者たちで、ほぼつねに、何らかの仕方で罰せられてきたのです。どのような罰かは、その社会の性質によります。それに比べて、権力への従順さと従属は、たとえ歴史によって（あるいは敵国で）それがしばしば非難の対象となっても、社会の内部ではきまって名誉あるものとされるのです。[9]

――一九六七年にジョージ・スタイナーは、あなたのエッセイ「知識人の責任」*に言及しつつ、公開書簡を書きました。彼の手紙とあなたの返信はともに『ニューヨーク・レヴュー・オヴ・ブックス』誌に掲載されました。このやりとりに関して、あなたにとって記憶に残ることや重要なことはありますか？[10]

＊「知識人の責任」：ここで議論されているテクストには翻訳がある。浅見克彦訳、『知識人の責任』（青弓社、二〇〇六年）所収、二五―八〇頁を参照。

重要なのは、それが実現したことです。そのときには、とりわけ若者のあいだで、非常に数多くの精神的探求があったのです。ベトナム戦争が、重大な戦争犯罪から完全に忌まわしいものへと移行するにつれて、これからどのような道を進むべきかに関するものでした。『ニューヨーク・レヴュー・オヴ・ブックス』の読者や寄稿者のような特権的な知識人にも、ある程度は届きました。固有かつ困難な問いのひとつは、それに伴うあらゆる不確かさ、また、同様の個人的な犠牲をもってしても、抗議から直接行動による抵抗に移るべきか否か、ということでした。実際、私は数年前から、より飼いならされた形ではありますが、直接行動に関わっていました。戦争に抗議して全国的に納税を拒否する運動です。しかし、一九六七年までには事態は新しい段階に入っていました。

――一九六七年以来、何が変わって、何が変わらなかったのでしょうか？

ひとつの重要な変化は、数多くの勝利があったことです。時には、同性愛者の権利のような、ずっと以前であったら日程表にさえ上らなかった問題にいたるまでが、勝ち取られてきました。そして人びとの意識が、多くの領域で大いに変化しました。列挙するのは簡単です。マイノリティーや女性の権利、自然の権利、武力攻撃や恐怖政治への抗議など、他にももっとあります。

振り返ってみると、多くを学ぶことができます。かつては、恐るべき残虐行為がいとも簡単に我慢を強いられていましたが、現在は違うのです。六〇年代の劇的な瞬間のいくつかを振り返るのもいいでしょう。例えば、一九六五年、最初に数多くの人が集まった反戦集会での、「民主的社会を求める学生」（ＳＤＳ）のポール・ポッターによる演説です。そこで彼は、「体制を名指す」時が来たと宣言して群集を鼓舞したのです。しかし、彼はそれを名指し続けることはできませんでした。今では、このようなためらいはないでしょう。彼は始めに述べました。「アメリカ合衆国は、強靭だが慎み深い国であり、国際情勢には気の進まないときのみ関わり、他の国々や別の体制の気高さには敬意を表し、最後の手段としてしか戦争に関わることはない。私たちの大部分はそう考えて育ってきた[11]」。今では、このようなことを述べる若いアクティヴィストは、ほぼいないでしょう。

六〇年代のアクティヴィズムの達成とその余波は、重要な遺産を残しました。当時には切り捨てられてしまった事柄の、落ち穂拾いを続けることも可能でしょう。公民権運動の命運は記憶すべきです。公式の見方では、一九六三年のワシントン大行進とマーティン・ルーサー・キング・ジュニアの「私には夢がある」の演説で頂点に達したことになっています。キング牧師の日*には、きまって焦点の当たる一節ですね。しかし、キング牧師はその日、帰宅しませんでした。彼はその時の焦眉の問題、すなわち、ベトナム戦争と貧困層の窮状に向き合い続け、シカゴ都市部や他の場所で人びとを組織することに関わっていたのです。[12] 北部リベラル派の名声が直ちに色あせて見えます。人種主義者(レイシスト)のアラバマ州の警官を非難するのは結構です。しかし、国家犯罪と階級問題には立ち入らない、というわけです。一九六八年にキング牧師が暗殺される直前の演説を記憶しているひとは、ほとんどいないでしょう。彼は、テネシー州メンフィスで清掃労働者のストライキを支援していました。貧者たちの運動を立ち上げ、この人たちの窮状を訴えるための有意義な立法を求めて、ワシントンへの行進を先導しようと目論んでいました。[13] 行進は、彼の未亡人であるコレッタ・キングの導きで行われました。そして、南部での苦い闘争の思い出の場を通過し、ワシントンへ到着しました。そこで、参加者たちは「復活の街(レザレクション・シティー)」というテント野営地を設営しました。[14] フランクリン・ルーズベルト以来、最もリベラルな当局の命令により、野営地は警官によって真夜中に奇襲され、破壊されました。行進者たちはワシントン

＊キング牧師の日：アメリカ合州国では、キング牧師の誕生日に由来し、一月の第三月曜日は休日とされている。

から追い出されました。

達成されていない課題は残っていますし、過去数世代の破滅的な経済政策の後の現在では、新たな緊急性を帯びています。そして現在地から顧みつつ、それらにとりかかることもできるのです。

昔からの困難もたくさん残っています。運動は、組織の構造や記憶をほとんど残さずに始まり、成長し、消えていきます。ほとんどのアクティヴィズムは、何もないところから始まります。また、驚くべき程の富、特権やチャンスがある一方で、高度に個別化した社会では、みながいくぶん自信をなくし、おびえているため、アクティヴィズムは他の優先事項から切り離されてしまいがちです。そして、今や脇に追いやることのできない、応分の生存という問いがあります。絶え間のない核戦争の危険、環境破壊の脅威などは既に近づいていますし、私たちが現在のようにそれらを否認するという道に固執するならば、よりずっと深刻になるでしょう。

第8章 相互確証信頼（Mutually Assured Dependence）＊

ラリー・ポーク：グリーンピースの国際執行取締役クミ・ナイドゥーは、キング牧師のものに似た社会的アジェンダを環境問題運動に持ち込んだとして、批判されてきました。ナイドゥーは、彼の批判者たちにこのように応答しました。「この仕事を請け負って以来、裏切りであると非難されてきた。しかし、私が心から、熱意を込めて感じているのは、世界中の貧困に終止符を打つための闘争と、破滅的な気候変動を回避するための闘争は、同じコインの表裏だということだ。伝統的な西欧主導の環境主義は、環境的、社会的、経済的な公正のあいだに適切な関連を見出すことに失敗してきた。私が環境運

＊相互確証信頼（MAD）：すでに時代遅れともなった冷戦時代の核抑止という発想を成す概念のひとつに、「相互確証破壊」（Mutually Assured Destruction）がある。「懲罰に基づく抑止」とも言われる。かつてイギリス海軍に勤務し、現在は核抑止の立場に疑問を投げかけているロバート・グリーンによれば、「相互確証破壊」とは、「大量報復を中心とした核抑止の結果として予期される事態であり、また、「米国がソ連の通常兵器による侵略に対する懲罰として、ソ連の主要都市とその他の非戦闘地域の標的に破壊を与えるという脅し」でもあるという（ロバート・D・グリーン『検証「核抑止論」現代の「裸の王様」』梅林宏道・阿部純子訳、高文研、二〇〇〇年、二六頁）。チョムスキーとポークは、DestructionをDependence（信頼、依存）と読み替えて、このいまだ継続する冷戦時代の概念に暗に言及しつつ、別のあり方を示唆している。

動に参加したのは、気候変動によって最初に最も残酷な影響を被るのが貧しい者たちだからだ。[1]」

ノーム・チョムスキー：真剣な環境主義者であれば、クジラの命を救うことでは問題の根幹に到達しないこと、そして、油田掘削装置を占拠することは、せいぜい人びとの注意をより深い原因へと向けるために手がけられた戦術でしかないということに同意するでしょう。ナイドゥーの方向性は、他の論点に関しても、完全に正当化されうるように思います。貧しい者たちは、（いつものように）被害者であり、最も辛い思いをするのですが、また、根幹となる問題をしばしば最前線で提示してきたのです。最も顕著な例は、ボリビアの民衆サミットです。「母なる大地の権利のための世界宣言」への呼びかけは、世界中の先住民族による声明であり、富める者たちによる、略奪的でレミング流の、短期の利益追求に対する挑戦がなされたのです。[2]

――ボリビアの環境を見てみると、なぜボリビアの人たちが、最も強固な自然保護政策をとるのか合点がいきます。ボリビアでは氷河が溶解しているため、人びとは、食用作物を維持するのに必要な水の分配を行う自然サイクルを、予測する能力を失いつつあるのです。これらは、ボリビアやアンデスの氷河に固有の状況ではありませんが、この人たちは事前に行動しようとしているのです。[3] 文化的実践のどのような側面が、社会が環境の現実を正面から提示するための準備をすることになるでしょう？　反対に、文化的実践のどのような側面が、別の社会が環境の現実に対して向き合うのに障壁となる――そして、おそらく免疫をもってしまうことになる――のでしょう？

裕福な社会の環境――例えば合衆国――を見てみると、強固に自然を守る方向へ舵を切っていることにも合点がいくでしょう。この何ヶ月かで、多くの警告がなされました。[4]

ラテンアメリカの最貧国ボリビアと合衆国には多くの違いがあります。合衆国は、比肩する者のない特権のおかげで、世界史上最も富める国と言ってもいいでしょう。ひとつの違いは、ボリビアで主に政治的な力を持つのは、大多数を占める先住民族だということです。ボリビアだけでなく世界中で（「最初の国民」「先住民」「部族」など、自らをどのように呼ぼうとも）、先住民族の共同体は、以下のような認識の最前線に居続けたのです。応分の生存への希望が残っているとしたら、伝統的な社会でしばしばそうであったように、共有財（コモンズ）——私たちみなに共通の所有物——への配慮がまずは最優先事項となるよう、私たちは自分たちの社会と生を組み立てることを学ばなければならない、という認識です。西洋でもそうだったのです。ほとんど認識されていないのですが、マグナ・カルタは、何世紀もかけて市民権と人権の形式的な保護となったものの基底を作ったのみならず、共有財（コモンズ）を横暴な破壊と私有化から守ることも強調しました——森林憲章は二つの部分からなるマグナ・カルタの片方です。[5]

比較すると、合衆国はビジネスで回っている社会であるという点では、他のどの先進国をも凌駕しています。巨大な権力が、階級意識の高いビジネス・エリートの手に握られています。アダム・スミスの言葉では、政策の「中心となる立案者」（『国富論』第四編第八章）といわれる人たちです。自分たちの社会に属する人たち、（スミスの関心であった）植民地の人たち、（私たちの関心である）未来の世代の人たちを含む、他者にもたらされる結果がどんなに「深刻」であろうとも、必ず自分自身の利益には「最も別格な注意を払」おうとするのです。現代のアメリカ合衆国では、結果がどうであろうとも、短期利潤というイデオロギーの権力がいや増すばかりでした。合衆国のビジネス階級は、見事なまでに率直に自らの意図をおおやけに表明して、現在進行中の環境破壊を無視するよう人びとに訴える巨大なプロパガンダ作戦を行ってきました。今では、最も盲目な者たちでさえも環境破壊はかなり無視できなくなっています。そしてこれらの作戦は、世論調査が示す通り、人びとの意見に一定の効果を与えてきました。[6]

合衆国では「何が［その文化に］、環境の現実に対する［……］免疫を持」たせてしまうのかに関しては（主要なビジネスロビーである）全米商工会議所、全米石油協会（ＡＰＩ）や、その他のビジネス階級の核となる支配的な構成員による、公式見解を読むといいでしょう。もちろん、環境問題に免疫を持つか否かを決定するには、情報と政治組織による助力が必須です。これらも、時折躊躇を示すだけで、たいていは喜んで同じ列に加わっています。

――ワシントンでのタール・サンド*へのアクションについて、ＡＰＩの広報担当者は「抗議する者たちは、実際には、われわれの仕事に抗議しているのだ」とメディアに述べました。ＡＰＩの声明をどのように読みますか？[7]

ＡＰＩの声明を翻訳することは簡単です。「タール・サンドへのアクションは、深刻に地元の環境を破壊し、地球規模の破滅へのレースを加速させる戦略に対して抗議している。しかし、そのような戦略は、船が沈むのを傍観しているあいだにも、溜め込んだり使ったりするドル札を、われわれの懐にたくさんもたらしてくれるのだ」。

私の知るかぎりでは、タール・サンドへのアクションは、実質的にＡＰＩとは全く反対の優先事項を持った人びとから成り立っています。この人びとは、持続可能なエネルギーのある未来を発展させるために、手元にある豊富な資源を使うと同時に、瓦解しつつある社会を再建し、それを別の、ずっと

＊タール・サンド：オイルサンドとも言う。石油の代替エネルギーとして注目を集めているが、精製のために生じる温室効果ガスが環境を悪化させることが批判の的となっている。

より健全な方向に持っていくことで、人びとがちゃんとした生活を送ることのできる環境を維持し、孫たちを災害から守り、さらにより良い仕事を創出したいと願っているのです。[8] しかし、正直なところ、超富裕層の膨大な利益や、世界を崩壊させたいという自暴自棄の欲求への関心が充分だとはいえません。

メディアが真剣に注目しないことで、地球温暖化の脅威を軽視するというよくある構図、そして、民主主義を再び活気づけエリート支配を脅かす可能性のある民衆アクティヴィズムに対して一般的な嫌悪が蔓延しているように思えます。前者の傾向が普通になっています。朝刊を開けば、そう書いてあるでしょう。

例えば、今日（二〇一二年八月一七日）、メディアは、サウジアラビアの石油への依存増加や、アメリカの要求に応えた石油の増産を歓迎すると報じていますが、問題点についても警告しています。つまり、外国の資源への依存です。幸いなことに、問題は一時的でしかない、と報道は続けます。なぜなら、私たちはまもなくカナダのタール・サンドとメキシコ湾の掘削拡大によって、巨大なエネルギー供給を手にするだろうから、というわけです。しかし、それが、環境世界の破滅に向けた雪崩を加速させてもいることは、あまりに小さすぎて言及もされない話題なのです。[9]

――「核兵器と気候変動という巨大な二つの脅威」、そして「限定的核戦争」という虚偽について、アクティヴィストで物理学者のローレンス・クラウスは書いています。「近年の研究によれば、例えば、パキスタンとインドのあいだの――一〇〇の核弾頭を含む――限定的な核のやりとりでさえ、少なくとも一〇年のあいだ、地球の気候を深刻に崩壊させ、成層圏に少なくとも五〇〇〇万トンの煙を放出する、という結論が出ている。概算によると、この煙の世界中の農業への影響のために、一〇億にいたる人びとの死に繋がる可能性がある[10]」。

環境の崩壊によって、すでに挑戦を受けている世界での核戦争の脅威について、何か結論となるコメントはありますか？

六〇年前、アイゼンハワー大統領は「大戦争が起ったら、北半球は破滅するだろう」と警告しました。[11] その警告にもかかわらず、ケネディ大統領は数年後に、核戦争の起る確率を三分の一から二分の一だとする自らの主観へとすすんで向き合いました。つまり、われわれはミサイルと軍事基地でソビエト連邦を取り囲む権利があるが、ソ連は自らの国境越しに最初のミサイルをキューバに設置する権利はない、という信念を打ち立てることになりました。キューバは当時、残虐なテロ攻撃に服しており、ソ連のミサイルが秘密裏に配備されたのと同じ月には、それに次いで侵略が計画されていました。[12] それが問題の本質でした。その時は回避しましたが、最後ではありませんでした。一〇年後の一九七三年、ヘンリー・キッシンジャーはイスラエルの指導者たちに、アメリカとロシアの庇護下で交わされた休戦協定を、訴追されずに侵犯することが可能であると伝えました。そのとき彼は、高レベルの核戒厳令を発令して、ロシア人に手を引けと警告したのです。機密指定を外された文書から最近分かったことです。[13] 一〇年後、レーガンの冒険主義的な姿勢のもと、ロシアの国境近辺の防衛施設の探索が行われていたとき、ロシアが差し迫った核攻撃を恐れたために、深刻な戦争の恐怖がもたらされました[14]。人的介入によって発射前に阻止されたミサイル攻撃の計画は、あまりにもたくさんあり、ロシア側の記録は手元にありませんが、あちら側の対処のほうが、よりまずかった可能性はあります。ちょうど今、オバマ大統領はミサイル迎撃システム――あらゆる方面から、潜在的な先制攻撃のための武器だと認識されていますが――をロシアの国境に設置しようとしています。これらは、アメリカが攻撃用兵器の潜在的能力を拡張することにつながります[15]。ドイツのメディアによれば、イスラエルは、ドイツは、ドイツが譲渡した先端的な新潜水艦に核弾道ミサイルを搭載中ですが、ドイツは、「イランに向けてエスカレートする戦争の脅しの一部」として、それらがペルシア湾に配備されるであろうことを充分に知ったうえでそうしているのです[16]。もっと例を挙げることもできます。

これらのあらゆる危機は、緩和ないし克服することが可能です。そうするための主な障壁の多くは、私たちの目の前にあります。幸運な状況といえるでしょう。これらは私たちがそうしようと思えば、最も影響力を行使しうる要因なのですから。けっして容易ではありませんが、不可能ではありません。

知ることを選ぶ者は、知っているのです。『アメリカ芸術科学アカデミー』誌の最新号は、二一世紀の科学の瞠目すべき予測動向にページを割いています。論集の序文を書いている著名な科学者は、これらの危機に関する可能性を振り返って、やや悲観的に付け加えています。「もし、私たちが、社会的かつ環境的な難問（実際のところ、最も真剣かつ切迫した注意を要する事柄）に由来する、全面的な人的災害をなんとか回避しえたなら」と。[17]

ボリビアの先住民の農民（カンペシーノス）ならば、これを回避する方法を理解しているでしょう。[18]

補遺一

一九四五年八月二五日、グローヴス司令官とレア中佐の会話

一九四五年九月一二日、『ニューヨーク・タイムズ』紙はウィリアム・L・ローレンスによる一面記事「アメリカ原子爆弾の現場、東京の見方と矛盾」を掲載した。この記事と以下の書き起こしには直接の相関関係がある。ローレンスの報道は、死の原因となった放射能と、広島および長崎に落とされた核爆弾の帰結としての苦しみを過小評価しており、日本人が記述した症状が、同情を引き出すためのプロパガンダであると描いている。ローレンスは一九四五年三月にアメリカ陸軍省に雇われ、公式声明とニュース記事を書いた。一九四六年に、彼は『ニューヨーク・タイムズ』紙で一〇回にわたり掲載した「原子爆弾の意義」に関する一連の記事により、ピューリッツァー賞を受賞した。

極秘情報

グローヴス司令官とレア中佐の会話、オーク・リッジ病院にて。一九四五年八月二五日午前九時。

グローヴス（以下G）：「［……］が、爆発に続く最初の二週間で三万人の犠牲者を焼きつくし、死に至らしめたのだ」

レア（以下R）：紫外線が――そうですね？

G：そうだ。

R：それは狂気の沙汰です。

G：もちろん、狂ってる。私のような医者でもそれは分かる。「核爆弾で爆破された広島、長崎および他の日本の都市の死亡者数は、いまだ増加中であると報道されている。東京のラジオは、広島を死の都市だと報じた。二五万人が住んでいた九割の家屋が一瞬にしてぺしゃんこになった。」二五万という数字には納得いかない。戦争が始まる前の何年か前にはもっと人口が多かったし、広島は軍都だったのだから。「いまや亡霊の行進に満ちており、生者は放射能の火傷により死ぬ運命にある。」

R：ちょっと待ってください。私なら巧みなプロパガンダだと言うでしょう。要は、これらの人びとは回復し、火傷を負ったわけです——熱による相応の傷を。

G：私もそう考えていた。この部分の続きを読むと全体像が見えるだろう。「この傷はひどく痛むため負傷者は『どうか殺してくれ』と懇願する、と報道されている。誰も完全に回復することはない。」

R：これも昨晩、新聞に載りましたね。

G：それからこう続く。「核爆弾で使用されたウランの核分裂により放出された放射能は、大量の死をもたらし、広島で再建事業に関わる労働者が様々な病気や健康被害に苦しむ原因となっている。」

R：こう言ってもいいでしょう。放射能に関する限り、すぐに影響が出るのではなく、長期的なものだと。この人びとが負っているのは熱による相応の傷にすぎない、それが実態なのだと思います。多くの人びとはなによりもそのことにあまり気づいていない。火傷を負えば多少赤くなるかもしれませんが、数日のうちに大きな水ぶくれができたり皮膚がただれたりします。この人びとが負ったのはそういうものだと思います。
G：それは少し後で明らかになるだろう。この部分について記事にはこうある。「日本人（ジャップ）の特別ニュース特派員は、爆弾が投下されて三日後には三万人が死んだ、と述べた。二週間後には死亡者数は六万にのぼり、今も上昇中である。」ひとつには、彼らは死体を発見しつつあるということだ。
R：それらは火傷の緩慢な効果によるものです。例えば、ココナッツ・グローヴ*では人びとは直ちに死にはしませんでした。一ヶ月後に死に至ったのです。
G：それからローレンスは述べている。ここは私がとりわけ君に意見を聞きたい部分だ。「爆弾投下一週間後に再建事業に従事している兵士たちを検証してわかったのは、彼らの白血球が半分にまで減少しており、赤血球がひどく不足しているということだ。」
R：私もそれは読みました。くだらない戯言って感じがします。
G：両方とも減ってしまうのだろうか？
R：はい、そうでしょうね。そうなるでしょうが、とても早い、かなりびっ

＊ココナッツ・グローヴ：サチューセッツ州ボストンにあるナイトクラブ。一九四二年一一月二八日に火災があり、四九二人が死亡した。単一の建物内の火災では、アメリカ史上二番目に大きい犠牲者数を出した。

くりするぐらい早いでしょう。もちろん、場合によりけりですが。ただ、大量のプロパガンダに影響されてやいませんかね。

G：もちろん、われわれは大量のプロパガンダの影響下にある。科学者および同様のプロジェクトに関わっている人間のくだらん仕事や、ニュースに飢えている新聞、ラジオのせいだ。

R：当然、向こうの日本人（ジャップ）の科学者たちもそれほど馬鹿ではないし、このことに関しては上手くやってもいるでしょう。どうやら、彼らは何が原因たりうるのかはっきり知っているようです。個人的には、時期尚早なのでその原因の多くを割り引いて考えましたし、第二に、彼らが被りつつあるこれらの死の大部分は、遅れて発生した熱による火傷に過ぎないと思います。

G：我々が何に直面しているか分かるだろう。マシアスは向こうで率いている部下たちに手こずっているようだ。

R：このことに関して確かな本当の情報を、放射能の影響だけでもお伝えしたほうがよろしいでしょうか？　少ししたら電話をかけ直します。

G：そうだな、それは必要だ。ガイガー・カウンターに変化はあったか？

ウランが大地に浸透したことはガイガー・カウンターを使えば簡単に確かめられると言われてきたし、核爆弾に用いられたウランは人体に毒だと明らかにされてきた。それから、記事は以下のことを述べている。われわれがちょうど考えていたことだ。大多数の負傷者は強力な紫外線光線により火傷を負い、爆心地から半径二キロ以内にいた者たちは二、三倍の火傷を負ったということだ。これは、火傷の度合いで二度ないし三度にあたるはずだ。三キロから四キロ以内にいた人たちは皮膚が真っ赤になるくらいの火傷を負ったが、この火傷は紫外線由来だとしたらその時にはほとんど熱を感じなかった。しかし、後に水ぶくれができて水腫になった。

R：だから熱による火傷に違いないと述べたのです。

G：それから、からだの火傷になった部分は内部から感染すると言われている。

R：そうです、もちろん、どんな火傷も潜在的には感染済みの傷口です。われわれはどんな火傷も感染済みの傷口として扱います。プロパガンダに対抗する者たちを見つけたほうがいいようですね。

G：それは無理だ。全被害が我々によってもたらされたのだから。時節を待つよりしようがない。お前に電話しているのはフェリーがつかまらないからだし、いつ質問をうけるかわからないから、答えられるようにしておきたいのだ。再建現場でやけどを負った軍人を見たか？「爆発が起こってから一週間後に、再建計画に関わって火傷を負った一〇人を含む三三人を検査したところ、火傷を負った人の白血球値は三一五〇で、見たところ健康な者たちは三八〇〇だった。それに比べ、通常の健康な者たちは七〇〇〇から八〇〇〇だった。」これは劇的な値の変化だろう。東京から伝わった話だ。「他方で、火傷を負った軍人の赤血球は、通常の健康な者たちは四五〇万から五〇〇万のところが、三〇〇万しかなかったし、他の見たところ健康なものたちにはそれより少し多いだけだった。」この値はどうやって測るんだ？

R：一立方ミリメートル当たりです。直ちに測るのです。火傷を負った人間は、普通の火傷でも、赤血球の値が少しの間で下がりますし、白血球の値も減少するでしょう。そのデータにはあまり心を動かされませんね。

G：われわれはちっとも気にすることはない。ただ、彼らは同情を引き出そうとしているのだ。悲しむべきは、アメリカ人がそのきっかけを作ってしまったことだ。
R：ちょっと調べさせてください。そうしたら、そのことについて確かな情報を差し上げることができます。
G：われわれのダメージとなるのはこのようなことだ。「東京のラジオが今日伝えるところによれば、原子爆弾の爆風の数日後に奇妙にも死に至った日本人は、おそらくアメリカの偉大な放射能研究所ではよく知られた現象の犠牲者だったのだ。」当然、これはわれわれに損害をもたらすことになる。
R：新聞に反論を載せるためには誰か大物に当たりをつけなければならないでしょうね。

出典：アメリカ国家安全保障アーカイヴ

補遺二

一九六七年一〇月、ベトナムにおける平和のための大学会議（ＵＣＰＶ）主

催イベント用フライヤー

モントリオールの学術コミュニティ主催によるこのイベントは、ベトナム戦争への抵抗における関与の変遷を明らかにしている。チョムスキーとポーリングが共同参加者だったいくつかのイベントのうちのひとつである。

ノーム・チョムスキー

ライナス・ポーリング

日付：一〇月一〇日火曜日、時：午後八時（席を確保するために早めに来ることを推奨します）

場所：ロヨラ・カレッジ、大講堂（住所：セント・ウェスト、シャーブルック七一七四、モントリオール西駅近く）

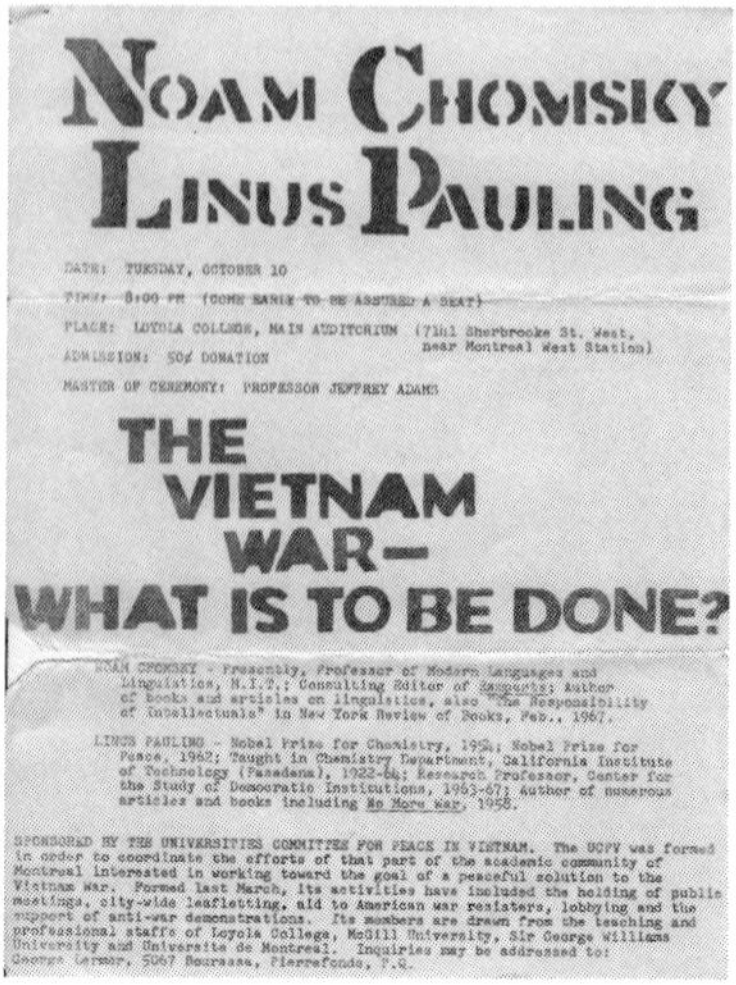

入場料：寄付五〇セント　司会者：ジェフリー・アダムズ教授

ベトナム戦争――何をなすべきか？

ノーム・チョムスキー　現在、マサチューセッツ工科大学近代言語・言語学教授。『ランパーツ』誌の顧問編集者。言語学に関する本や論文の著者であり、『ニューヨーク・レヴュー・オヴ・ブックス』誌に一九六七年二月号に掲載された「知識人の責任」の著者でもある。

ライナス・ポーリング　一九五四年にノーベル化学賞、一九六二年にノーベル平和賞を受賞。一九二二年から六四年まで、パサデナにあるカリフォルニア工科大学化学科で教鞭をとる。一九六三年から六七年まで、民主制度研究センターで客員研究員。一九五八年の『ノーモア・ウォー』を含む論文・著作多数。

ベトナムにおける平和のための大学会議（UCPV）主催。UCPVは、ベトナム戦争への平和的解決を目的として活動するモントリオールの学術コミュニティの一部の尽力を架橋するために結成された。昨年三月に結成され、その活動には、公開会議の開催、市内での宣伝ビラの配布、戦争に抵抗するアメリカ人への援助、ロビイング、反戦デモの支援が含まれる。メンバーはロヨラ・カレッジ、マギル大学、サー・ジョージ・ウィリアムズ大学、モントリオール大学の教員および教授陣から成る。問い合わせは、ケベック州ピエールフォン市ブーラサ五〇六七、ジョージ・レーマーまで。

出典：オレゴン州立大学、特別コレクション兼アーカイヴ研究センター

補遺三

一九六六年一月二一日、ベトナムにおける農作物の破壊を批判する科学者たち

『ニューヨーク・タイムズ』紙の一面記事「アメリカジェット機の散布、べ

トコンの領土でコメを破壊」に対して、ある小さなグループが食用作物の破壊を非難する請願書を回覧させた。請願書は、その作戦を無差別的な化学戦争と位置づけ、このような行動は他の国々が同様の戦術を用いることに繋がるだろうと警戒している。約一年の後、五〇〇〇人以上の科学者たちが生物化学兵器の禁止を求める同様の請願に署名した。両請願書の主導者のひとり、マシュー・S・メゼルソンは、カリフォルニア工科大学でライナス・ポーリングとともに研究した。

今週、ハーバード大学、MIT、そしていくつかの近接する研究所の科学者および物理学者二九名が声明を発表し、アメリカ軍がベトナムにおいて農作物を破壊する化学物質を用いていることを批判した。

声明は『ニューヨーク・タイムズ』紙の特電に言及した。それは、ベトコンへの「『食糧断絶』大計画」の一環として、アメリカ空軍が「多くのアメリカ人が芝生に散布する人気銘柄と同じ商業用殺草剤」をコメの耕作地に散布していたと報じた。『ニューヨーク・タイムズ』の報道は「殺草剤に毒はなく、政府高官が述べるには、その決定的な影響を逃れて育った食物は有毒であったり、食べられなかったりするわけではない」と付け加えた。

報道によれば、散布された領域は、「八〇〇万エーカー以上にのぼる南ベトナムで作付された土地のうち、五万から七万エーカーというごく一部」に過ぎない。計画は、「主に軍事にとって重要な比較的狭い地域であり、ゲリラが食物を育てたり、人びとが自らすすんで大義を捧げたりする場所」であると報じられている。「経験則によれば、化学物質がコメや他の作物が成熟する以前の生育期に使用されたら、作物の六割から九割が破壊されるだろう」と『ニューヨーク・タイムズ』は主張する。

生物化学を専門とするハーバード大学のジョン・エズオール教授は、抗議したグループの代表者である。声明は続く。

「最近、一九六五年一二月二一日火曜日付の『ニューヨーク・タイムズ』紙で報道されたアメリカ合衆国による農作物破壊のための化学薬品使用を、われわれは断固として批判する。たとえ化学物質が人体にとって有毒ではないことが示されたとしても、このような戦術は無差別的であるため、野蛮である。この戦術が意味するのは、作物が破壊される地域の全人口に対する、戦闘員および非戦闘員の両者に対する攻撃である。第二次世界大戦の危機においては、わが国への脅威は今日ベトナムで起こっている事態よりはるかに甚大であったが、政府は敵に対して化学兵器ないし生物兵器を用いるといういかなる提案にもかたくなに抵抗した。われわれが今ではこのような手段に訴えているという事実は、われわれの道徳規範があきれるほど堕落していることを示している。このような攻撃は文明化された人類の一般的基準からみても忌まわしい。その兵器の使用は全アジアや他の地域でわれわれに憎悪をもたらすだろう。」

「さらに、このような攻撃はわれわれの同盟国とわれわれ自身に対する、同様の、そして、より危険な化学薬品の使用の先例となってしまう。化学兵器は安価である。小国は、われわれに対して化学薬品を効果的に用いることができるし、もしわれわれが先例を作れば、おそらく用いることだろう。長い目で見れば、アメリカ合衆国によるこのような兵器の使用は、それゆえ、国家の安全に対して有利とはならず脅威となるのだ。」

「われわれが大統領に強く望むのは、わが軍によるこのような化学兵器の使用を禁止すると公の場で宣言し、南ベトナムや他のわれわれの同盟国による使用にも反対することだ。」

声明の署名者は以下のとおり。

ハーバード大学　ジョン・エズオール、バーナード・デイヴィス、キース・R・ポーター、ジョージ・ゲイロード・シンプソン、マシュー・S・メゼルソン、ジョージ・ワルド、スティーヴン・クフラー、マーロン・B・ホーグランド、ユージン・P・ケネディ、デヴィッド・H・ヒューベル、ウォレン・ゴールド、サンフォード・ギフォード、ロバート・ゴールドウィン、ジャック・クラーク、バーナード・ラウン。

マサチューセッツ総合病院　ヴィクター・W・シデル、スタンリー・コッブ、ハーバート・M・カルカー。

マサチューセッツ工科大学　アレクサンダー・リッチ、パトリック・D・ウォール、チャールズ・D・コリエル。

ブランダイス大学　ネイサン・O・カプランド、ウィリアム・P・ジェンクス。
アマースト大学　ヘンリー・T・ヨスト。
ダートマス大学　ピーター・H・フォン・ヒッペル。
タフツ大学　チャールズ・E・マグロー。
そして、ウッズホールの筋質研究所所長アルベルト・セント＝ジェルジ、ウォースター実験生物学研究所所長ハドソン・ホーグランド。

出典：『サイエンス』誌

補遺四

一九七五年四月九日、ロバート・コナードに対するネルソン・アンジャインの公開書簡

> 一九四六年から一九五八年にかけて、アメリカ核兵器実験計画の主導により、マーシャル諸島において六七回におよぶ核爆弾の爆破が行われた。
> 一九五六年、原子力委員会健康および安全性研究所所長メリル・アイゼン

バッドは、放射能によって汚染された環境に住むマーシャル諸島の人びとを調査する利点を概説した。「島は安全に居住することが出来るものの、世界で最も汚染された場所である現在、帰還してふさわしい環境データを得ることは非常に興味深いだろう。[……]これらの人びとが、あえて言えば、西洋人、すなわち、文明化された人びとのようには生活していないことは確かだが、それでも、彼らはネズミよりもわれわれに近いということも確かだ。」

一九七五年四月九日
ミクロネシア・ロンゲラップ島
ロバート・コナード博士
ブルックヘイヴン国立研究所
ニューヨーク州ロングアイランド、アプトン一一七九〇
親愛なるコナード博士

あなたが我が島を訪れたとき留守にしており失礼いたしました。そのかわり、過去数ヶ月のあいだ日本とフィジーを旅し、核爆弾の被害者治療と太平洋における核の脅威を終わらせる試みについて学んでいました。

平和船フライ号に乗ってロンゲラップを後にして以来、私は非常に多くを学んできました。あなたが私たちを継続して研究主題として用いることに関しての私の気持ちのいくばくかを明確にしたく思い、手紙をしたためています。

今では、あなたの学究生活すべてが私たちの病気を基盤とするものであることに気付いています。私たちは、あなたが私たちにとって価値があるよりもずっと、あなたにとって価値があります。あなたは私たちを人間として本当に気にかけたことなどありませんでした――あなたの政府の研究努力のためのモルモット集団とみなしていたにすぎません。ロンゲラップ島の私とその他の人びとにとって、最も大切なのは命です。あなたにとっては、事実と数字です。あなたの技術的力量に関して疑問の余地はありません。しかし、私たちはしばしばあなたの人間性を疑います。私たちはあなたを必要としません し、科学技術を駆使した機械など必要ありません。私たちは自分たちの命と健康が欲しいのです。自由になりたいのです。

あなたが私たちの島を訪れて何年も経ちますが、あなたは私たちを人間として扱おうとはしませんでした。私たちと共に腰を据えて、真に誠実なかたちで私たちの問題に手を貸そうとはしませんでした。あなたは「最悪の時は過ぎた」と人びとに語り、それからレコジ・アンジャイン*が死にました。あなたが今回の旅でどれほど多くの新しい症例を発見するかまだ分かりませんが、私たちが何度もくりかえし苦しむだろうということを、私は非常に心配しているのです。

私は決して忘れないでしょう。レコジが死んだのは、一九七二年初頭に私たちのことを検査させなかった私たちのせいだ、あなたがそう新聞記者に語ったことを。あなたは忘れておられるようですが、レコジを殺したのはあなたの国と国民なのです。

今回の旅の結果、私はある決断をしました。それをあなたに知っていただ

*レコジ・アンジャイン:一九七二年一一月一五日一九歳で死去。ビキニ水爆実験(一九五四年)で死の灰を浴びたため白血病になった。

きたく思います。主な決断は、二度とあなたの顔を見たくないということです。私たちは、アメリカ政府の戦争屋のために情報を集めることに執心するのではなく、私たちのことを心から気にかけてくれる医師の診療を希望します。

私たちは島にずっと居住する医師が欲しい。あなたが都合のよい時だけ訪問するというような医療は要りません。私たちが会いたいときに会える医師が欲しいのです。アメリカは国旗を掲揚し、古びた教科書を用いて私たちをアメリカ化しようとしてきました。アメリカは、自国の市民に提供するような医療を私たちに与える時なのです。

私たちはあなたを本当に信頼したことなどありません。だから、私たちを、思いやりを持って検査してくれる医師を広島の病院から招くつもりです。

私たちは、もはやアメリカの支配の下に安住したくないのです。アメリカ合衆国の代表として、あなたは私たちに確信させてくれましたね。アメリカ人は、他人を助けるためではなく、支配するために外に行くのだと。私たちは、今からアメリカの権力から中立と独立を維持する所存です。

何らかの変革があることでしょう。次にあなたが訪れる時は、気をつけなさい。一九七二年、私たちが最初にあなたに立ち向かって以来、あなたの動機には気づいていました。私たちのことを支援しようという他の人びとが世界に存在することを知ったいま、私たちはもうあなたにロンゲラップの地を踏んで欲しくはありません。　敬具

村長ネルソン・アンジャイン

回答なし

他の送付先　上院議員ゲイリー・ハート殿、下院議員フィリップ・バートン殿、国連事務総長クルト・ワルトハイム殿、ミクロネシア連邦議会アタジ・バロス殿

出典：米エネルギー省マーシャル諸島資料コレクション

補遺五

一九七六年七月二七日、原水禁所有のマーシャル諸島の人びとの医療記録

以下のロバート・コナードの手紙は、マーシャル諸島の人びとの医療事業への関心が、厳密に管理された記録保有のもとに展開しているというネルソン・アンジャインの懸念の正当性を証明しているように思われる。最も重要なことは、核爆弾によって放射線被ばくをした人たちと核兵器実験によって被ばくした人たちの連携を手紙が明らかにしていることだ。

一九七六年七月二七日
ジェイムズ・L・リヴァーマン博士
環境および安全のための管理補佐
生物環境研究部局
エネルギー研究開発庁

ワシントンDC、二〇五四五

親愛なるジム

七月二六日、日本の朝日新聞ワシントンDC支局の記者、ムラカミという者が、六六人にのぼるわれわれマーシャル人の医療記録のコピーが日本の左派反核グループ（原水禁）の手にあることについて、彼が日本から聞いた話として電話してきた。彼の意見では、原水禁は医者にその記録を再検討させて（おそらくわれわれの調査を批判して）、来月の広島での原水爆禁止世界大会国際会議の場で用いようとしている。原水禁がどのようにして記録を手に入れたのか尋ねたところ、ロンゲラップ島から二人の青年が最近日本を訪れたことと関連しているのでは、と彼は示唆した。しかし彼は、そのグループの日本人がマーシャル諸島を訪問したのかもしれないとも考えている。私たちには何も隠すことがないが、記録を手に入れる際の非倫理的なやり方には憤りを覚えた、と彼に伝えた。私はまた、マーシャル諸島の記録は完全ではないが、ブルックヘイヴン*には検査リスト上のすべての個人に関するより広範な

＊ブルックヘイヴン：ブルック・ヘイヴン国立研究所のこと。米エネルギー省のうしろ立てにより被ばくしたマーシャル諸島の人びとの追跡調査を手がけてきた。補遺四および五から伺い知ることができるように、これらの記録は島民の健康回復および維持のためには用いられていない。

記録がある、と述べた。ロンゲラップ島の人びとに関するわれわれの発見と処置に関して、彼の質問のいくつかに答え、私たちの診察計画（毎年の調査、ほぼ毎年の血液学的チェック、クェゼリン環礁駐在の住み込み内科医を年四回派遣すること）を概説した。彼は、なぜ日本人がマーシャル諸島への訪問を禁止されているのか尋ねた。私が知る唯一の件は、一九七一年に起ったある日本「医療」チーム（大抵は記者たちだった）の訪問取り止めであり、この人たちは適切な資格を持っていなかったのだ。日本の江崎治夫と熊取敏之の両博士が過去の調査の件で私たちのもとを訪れたことがあり、もしわれわれの調査について真正な日本の医療知見を得たいならば、彼らか放影研に連絡をとるように提案した。

この手紙の写しを放射線影響研究所のリロイ・アレン博士に送ることにする。この問題に関連する日本の人びとの注目度を知らせてくださるようお願いしたい。

敬具

ボブ［署名］

医学博士（ロバート）・A・コナード
他の送付先：リロイ・アレン博士、ボンド博士、クロンカイト博士

出典：米エネルギー省マーシャル諸島資料コレクション

補遺六

一九八三年一一月一日、イラクによる化学兵器使用についての覚え書き

一九八三年一〇月、イランはイラクの化学兵器使用に関して国連査察の請求を開始した。この時期の米外電は、職員が、イラクによるイラン人及びクルド人に対する化学兵器の「ほぼ日常的な使用」について知っていたこと、そして、国連による公式声明に先立って背後から問題に対処しようと試みたことを示している。以下の外電は、「化学兵器の使用はいかなる時も中止する」という合衆国の政策に関して信頼性を保つために、即時介入を主張している。

合衆国国務省
ワシントンDC　二〇五二〇
一九八三年一一月一日

国務省情報メモ

宛先：国務省長官
書き手：海軍法務将校ジョナサン・T・ハウ
主題：イラクの化学兵器使用について

われわれは最近、イラクの化学兵器使用を確証する追加情報を受領しました。また、イラクは化学兵器生産能力を、おそらく合衆国の海外の子会社を含む、主に西洋の会社から取得したことも、われわれは知っています。いかなる時でも化学兵器の使用の中止を求めるわれわれの政策に従い、第一段階としての直接交渉を含む、イラクの化学兵器使用中止のための最も効果的な方法を考えています。このことは、東南アジアおよびアフガニスタンでの化学兵器使用の初期情報を扱ったわれわれの方法、すなわち、ラオス、ベトナム、ソ連の人びととの秘密外交措置と矛盾しないでしょう。

お気づきの通り、イラクは現在のところイランとの消耗戦において不利な立場にあります。イラン・イラク戦争に関する直近の分科会会議ののち、議題となる事項が（恐らく今週水曜か木曜の）国家安全保障会議（NSC）の会合のためにホワイト・ハウスに送付されました。その議題の一部では、イラク支援のための無数の措置の概要を記しています。われわれの提案により、イラクの化学兵器使用についての問題が、この会合のアジェンダに加えられるでしょう。

もしNSCでイラク支援のための措置を取るべきだと決定されたら、化学兵器使用の中断に影響を及ぼすためのわれわれの最良の好機は、どうやってイラクにこれらの措置を知らせるかにかかっているでしょう。しかしながら、化学兵器に関する合衆国の政策の信頼性を維持し、イラクによるほぼ日常的な化学兵器の使用と思われるものの規模を縮小させるか中止させるかするためには、一刻も早くイラクと交渉することが重要です。

草稿作成：海軍法務将校／憲兵隊J・レナード

一九八三年一一月一日

情報利用許可：海軍法務将校／憲兵隊P・マルティネス、海軍法務将校／警官R・ビアーズ、海軍法務将校／小連隊P・セロス、等。

出典：国家安全保障アーカイヴ

補遺七

二〇一一年一二月一二日、アフリカへの公開書簡二〇一一年一二月七日、南アフリカ、ダーバンでの国連気候変動会議のあいだ、オクラホマ州選出のジェイムズ・インホフェ上院議員は国際代表団に向けたビデオ・メッセージを送った。「今日、地球温暖化反対運動の完全な崩壊と京都議定書プロセスの失敗について吉報をもたらすことができて嬉しい。［……］過去一〇年間、私は合衆国上院において、率先して地球温暖化を警戒する動きに対峙してきた。［……］あらゆる場で地球温暖化を疑うものたちが願っているのは、南アフリカの地であなた方に加えられる最後の一撃をともに祝福することである、このことは知っておいたほうがいいだろう。」インホフェは、環境公共事業会議の少数民族代表である。彼の選挙を支援するグループは、以下を含む。コーク財団（石油及び化学製品、森林由来の製品）、マレー・エネルギー（石炭）、デヴォン・エネルギー（石油及びガス）、コントラン・コーポレーション（化学、金属、放射性物質の廃棄処理）、そして、ロビソン・インターナショナル（防衛、核エネルギー、ゼネラル・モータース、IBMのロビイスト）。

COP17での合衆国上院議員の声明は私たちを失望させた

合衆国市民として、COP17でわが政府の代表団が表明した意見が私たちを深く失望させたことを表明するにあたって記す。一二月七日、合衆国上院議員ジェイムズ・インホフェは、ダーバンの代表団に対して無知で卑劣なビデオ・メッセージを公開した。

他の合衆国の人びとと同様、私たちは気候変動に関しては科学的に認められた知見を採用している。気候変動は事実であるし、人びとは水不足や海洋の酸性化、極端な天候災害に苦しんでいる。

主に化石燃料の燃焼によって引き起こされる大気中の炭素負荷は、あまりに甚大すぎるため、削減されなければならない。この削減は二〇二〇年以前に開始されなければならない。

アメリカは民主主義体制であることは確かだが、インホフェは、環境問題に関して非常に強い力を持つ会合のために動いており、産業のために汚い仕事をしつづけるということもまた確かである。

産業の利害は、地球規模で起っている気候変動に関して必要とされるあらゆる運動の主要な障壁である。

私たちの手元にあるのは、名の知れた妨害者に議席を与えるための自由な選挙を用いた民主主義体制と、確固とした科学よりも経済主導のイデオロギーへと不均衡に発言の場をもたらしているメディアである、そう述べた方がより正確なのだ。

ジャック・ミムズ、ラリー・ポーク
ダラスにて

出典：『マーキュリー』紙（南アフリカ）

補遺八

二〇一一年一二月九日、アンジャリ・アパデュライのダーバンにおけるスピーチ二〇一一年一二月八日、合衆国の気候に関する交渉専門家、トッド・スターンが国連気候変動会議で壇上に立ったとき、バーモント州ミドルベリー大学の学生であるアビゲイル・ボラーが聴衆の中から立ち上がり、警備員に連れ去られる前に短いスピーチを行なった。「二〇二〇年では遅すぎます。私たちが緊急に必要とするのは、フェアで野心に満ちた、法的拘束力のある条約なのです。あなたは今すぐ行動する責任を引き受けなければならない。さもないと若者の命と世界で最も弱いものたちの命を脅かすことでしょう。あなたは党派政治にとらわれず、科学の決定に従わなければなりません。」ボラーのスピーチの後、別の学生、アンジャリ・アパデュライが演壇の代表団に向けて発言した。双方のスピーチは拍手をもって迎えられた。

エイミー・グッドマン*：今日、気候変動会議で幾つもの抗議が行われており、二酸化炭素排出に関する拘束力のある取引に、世界の指導者たちが直ちに同意することに失敗したことへ抗議しています。今日の先ほど、メイン州バー・ハーバーにあるアトランティック大学の学生、アンジャリ・アパデュ

＊エイミー・グッドマン：インディペンデントのニュース番組『デモクラシー・ナウ！』の司会者兼ジャーナリスト。『デモクラシー・ナウ！』日本語版のサイトもある。

ライ*が若者代表団のための会議で発言しました。

議長：では、アトランティック大学のアンジャリ・アパデュライさんにマイクを譲りたいと思います。彼女は若者たちによるNGOの代表として話します。アパデュライさん、どうぞ。

アンジャリ・アパデュライ：世界の人口の半分以上の人たちに向けて語ります。私たちはサイレント・マジョリティです。あなた方はこの議場で私たちに席を与えました。しかし、私たちの関心は議題に上っていません。このお遊びにおいて何が大切なのでしょう。ロビイストたちでしょうか。企業に対する影響でしょうか。お金でしょうか。あなた方は私の全人生と交渉していたのです。その時、あなた方は公約を結ぶことに失敗し、標的を捉えることにも失敗し、約束を破りました。しかしこれら全ては以前に耳にしたことがおありでしょう。

私たちはアフリカにいます。そこには気候変動の最前線に位置する様々な

*アンジャリ・アパデュライ：インドに生まれ、カナダで育つ。高校生の時社会正義について関心を持つ。二〇一一年、ダーバンでのCOP17において、気候変動問題について、より誠実な取り組みを行うよう強く呼び掛けた。

共同体があります。世界で最も貧しい国々が気候調節のため融資を必要としているのです。アフリカの角*と〔南アフリカ〕クワマシュ近隣の人びとはかつてそれを必要としていました。しかし、二〇一二年も末ですが、グリーン気候基金は空っぽのままです。国際エネルギー機関は、取り返しの付かない気候変動を回避するには五年の猶予があるといいます。科学の教えるところでは、私たちには最大五年しかないのです。あなた方が述べているのは、「われわれに一〇年を与えろ」ということです。

私たちに対するあなたの世代の責任を最も完膚なきまでに裏切るのは、このことを「野心」と呼ぶことです。この場に度胸のある人はいないのでしょうか。今は漸進的な行動をとる時ではないのです。長い目で見れば、このような行動は、了見の狭い私欲が、科学や理性、共通の情熱に打ち勝った時代の決定的な局面とみなされるでしょう。

この部屋には本物の野心があります。しかし、「ラディカル」であり、政治的には実現可能ではないとして退けられました。アフリカとともに立ちましょう。長期にわたる思考は「ラディカル」ではありません。「ラディカル」

*アフリカの角：ソマリア、ジブチ及びエリトリアを包括する北東のアフリカ半島とエチオピアの地域を指す。

なのは、地球の気候を完全に変えてしまい、私の世代の未来を裏切り、気候変動によって何百万人をも死に至らしめることです。「ラディカル」なのは、変化が私たちの手に届くところにあるのだという事実を取り消すことです。二〇一一年はサイレント・マジョリティが自らの声を見出した年であり、底辺が天辺を揺さぶった年です。二〇一一年は、「ラディカル」なことが現実になった年なのです。

共通の、個別の歴史的責任は、議題に上りませんでした。この大会の設立当初の原則を尊重しなさい。人類を統合する価値を尊重しなさい。あなた方の子孫の未来を尊重しなさい。「常に不可能だと思われていましたが、達成されたのです」、マンデラはそう言いました。だから、世界中の著名な代表団と政府、先進国の政府よ、今こそ二酸化炭素を削減すべきときです。今すぐに！

聴衆：マイク・チェック！

アンジャリ・アパデュライ：マイク・チェック！

聴衆：マイク・チェック！

アンジャリ・アパデュライ：公正を今！

聴衆：公正を今！

アンジャリ・アパデュライ：公正を今！

聴衆：公正を今！

アンジャリ・アパデュライ：言い訳は聞き飽きた！

聴衆：言い訳は聞き飽きた！

アンジャリ・アパデュライ：時間がないんだ！

聴衆：時間がないんだ！

アンジャリ・アパデュライ：今すぐに！

聴衆：今すぐに！

アンジャリ・アパデュライ：今すぐに！

聴衆：今すぐに！

アンジャリ・アパデュライ：今すぐに！

聴衆：今すぐに！

議長：アパデュライさん、ありがとう。彼女が冒頭で述べたように、世界の半分の人口のために語ってくれました。全く個人的な意見ですが、世界の半分の人口の声を、なぜこの会議の最初でなく最後に聞くことになったのでしょう。

エイミー・グッドマン：ここ、ダーバンの国連気候変動会談でのアンジャリ・アパデュライによるスピーチでした。お聞きになった通り、スピーチの直後に彼女は壇上から人間マイクを始めました。ウォールストリート占拠運動に触発されて世界中で行われている方法です。『デモクラシー・ナウ！』のサイトはdemocracynow. org、戦争と平和についてレポートしています。エイミー・グッドマンが南アのダーバンから生中継でお送りしています。またすぐに再開します。

出典：『デモクラシー・ナウ！』

補遺九

一九六一年三月三日、ポイント・ホープから、ジョン・F・ケネディへの抗議の手紙

北米で最も古くから続く共同体のひとつであるイヌピアック族［イヌピアト族］の人びとは、エドワード・テラー*によるチャリオット計画――一九六〇年代にアラスカに核爆発によって港をつくる計画――に対する抗議に成功した。シェル石油がチュクチ海とボーフォート海*で原油の掘削に向けて動いている今日、イヌピアックの共同体は同様の危機に直面している。計画を批判する者たちは、北極地域の極限の天候状況と石油漏出対策の不備によって災害が待ち受けているとしている。

ポイント・ホープ
アラスカ

*エドワード・テラー：「水爆の父」として知られる。ハンガリー生まれでアメリカに亡命したユダヤ系の物理学者。スタンリー・キューブリック監督の映画『博士の異常な愛情』のストレンジラブ博士のモデルと言われる。テラー自身はこの関連性について否定的だった。

*チュクチ海とボーフォート海：原注（1）の訳注を参照。

一九六一年三月三日
ジョン・F・ケネディ氏
アメリカ合衆国大統領
ワシントンDC

親愛なる大統領殿

私たちポイント・ホープの健康協議会と村の住人たちは、ケープ・トムスンの爆破を望んでいません。私たちは、チャリオット計画に抗議することを公言します。ポイント・ホープの私たちの住居、狩猟及び漁業地域にあまりに近すぎるからです。

四季にわたって毎月、私たちは生活に必要なものを捕獲しています。一二月、一月、二月、そして三月にも、私たちはホッキョクグマ、アザラシ、タラ、アゴヒゲアザラシ、セイウチ、キツネ、カリブー〔北米のトナカイ〕を捕獲します。四月、五月、六月には、クジラ、アヒル、アザラシ、シロイルカ、アゴヒゲアザラシを狩ります。七月には、ケープ・トムスンやケープ・リズバーンからクロービルの卵を集めて、夏の食料として保存しておきます。夏には、アザラシ、アゴヒゲアザラシ、シロイルカ、魚、アヒル、カリブーを捕獲します。九月の半ばには、村の大部分がククプク河まで移動し、一一月半ばまで漁業とカリブー狩りのために滞在します。一一月には、燃料のためにアザラシの脂肪分が必要なので、再びアザラシを捕獲します。アザラシの毛皮は、店で食料品と交換するために使うのです。

冬のあいだ飲料水のために用いる氷は、村からケープ・トムスンに向かって約一二マイルにあります。飲み水と洗濯のために、雪を溶かすのです。春の五月と六月には、海の氷河を使います。夏には、村の井戸から水を手に入れます。

私たちは、爆破の後の子供らの健康と将来母親になる者たちについて心配しています。「懸念に値する、人間に蓄積され保有された核種の負荷」について読みました。また、ストロンチウム90が体内に多く摂取されてしまったら、人体を傷つけるかもしれないということも知っています。一九六〇年の米国科学アカデミーによる「核放射能の生物学的影響」についての要約レポートに眼を通しました。

私たちは、現在及び来るべき未来の私たちの健康について深く懸念しています。この手紙の二ページ目にある署名は、この懸念を共有し、チャリオット計画に抗議を表明するポイント・ホープの村の住人たちの名前です。

心から

ポイント・ホープ村保健協議会

住民および役人

出典：米エネルギー省

E.Campbell

Point Hope, Alaska
March 12, 1961

16872

U.S. Attomic Energy Comission
San Francisco Operation Office
2111 Bancroft Way
Berkley 4, California

Dear sir;

We, the village health council and the residents of Point Hope would like to share with you our letter to the President of the United States, how we feel about the Chariot Project at Cape Thompson, Alaska.

Sincerely
Alice Kinneeveauk (sic)

Point Hope
Alaska
March 8, 1961

Mr. John F. Kennedy
President of the United States
Washington, D.C.

Dear Mr. President:

We the Health Council of Point Hope and the residents of the village don't like to see the blast at Cape Thompson. We want to go on record as protesting the Chariot Project because it is too close to our homes at Point Hope and to our hunting and fishing areas.

All the four seasons, each month, we get what we need for living. In December, January, February and even March, we get the polar bear, seals, tomcod, oogruk, walrus, fox and caribou. In March we also get crabs. In April, May and June, we hunt whales, ducks, seals, white beluga, and oogruk. In July we collect crow-bill eggs from Cape Thompson and Cape Lisburne and store them for the summer. In the summer we get some seals, oogruk, white beluga, fish, ducks, and caribou. In the middle of September many of our village go up Kookpuk River to stay for the fishing and caribou hunting until the middle of November. In November we get seals again and we used the seal blubber for our fuel. The hair seal skin we used for trading groceries from the store.

The ice we get for our drinking water during the winter is about twelve miles off from the village towards Cape Thompson. We melt snow also to drink and for washing. In spring, May and June we used ocean ice. In the summer we get our water from the village well.

We are concerned about the health of our children and the mothers-to-be after the explosion. We read about "the cumulative and retained isotope burden in man that must be considered." We also know about strontium 90, how it might harm people if too much of it get in our body. We have seen the Summary Reports of 1960, National Academy of Sciences on " The Biological Effects of Atomic Radiation."

We are deeply concerned about the health of our people now and for the future that is coming. The signatures on page two accompanying this letter are the [illegible] of [illegible] of the village of Point Hope who share this concern and wish to express their protest against Project Chariot.

I, David Frankson, President of Point Hope Village Council have approved and released this letter of protest on this 8th day of March 1961 at Point Hope Alaska.
By [illegible]
President of [illegible]

Sincerely yours,
Officers and members
of [illegible] Village
[illegible] 1961

[illegible] the un[illegible] signed are residents of Point [illegible] [illegible] and share the concern [illegible] the [illegible] [illegible] to express our protest against [illegible] Project.

Elaine Frankson
Amos Lane
Eunice Lane
Lennie Lane
Barbara Lane
Beatrice Vincent
Annie Lingook
George Omnik
Frank Omnik
Enid Omnik
John Omnik
Her Mark – X Molly Koomalgoalukeak
Rosemary Timothy
Jimmy Killigivuk
Her mark – X Kate Killigivuk
Leo Attungowruk
Jackey Attungowruk
Her Mark – X Minnie Attungowruk
Lily Oktollik
Donald Oktollik
Irma Oktollik
Calvin W. Oktollik
Helen K. Sage
[illegible]
[illegible]

Georgeann Oomittuk
Patsy Tuckfield
Sarah Kingik
Lillie Milligrock
Aaron Milligrock
Aggie Frankson
Andrew Frankson
Charlie B Tuckfield
Bertha Koonuk
Peter Komonaseak
Annie Koonooyak
Daniel Lisbourne
Ella Lisbourne
John C. Oktollik
Molly Oktollik
Daniel Attungowruk
Kathleen Attungowruk
Bernard Nash
Kirk Oviuk
Moses Melik
Chester Seveck
Mary Dirks
Laura Kinneeveauk
Herbert Kinneeveauk
[illegible]
[illegible]

Helen [illegible]
Violet [illegible]
Seline [illegible]
[illegible]
William [illegible]
Carl [illegible]
Pancelina [illegible]
Claude [illegible]
Her mark [illegible]
Mabel Hank
Sr. Nicholas [illegible]
Sunshine Tuckfield
Bob Tuck[illegible]
Sophie Tuckfield
Joseph [illegible]
Reuben Tuck[illegible]
Ruth Tuck[illegible]
Eva Attungowruk
Delie [illegible]
Raymond [illegible]
Rose Ella [illegible]
Carl Lazaro
Daisy Oomittuk
Antonio Weber
Willie T[illegible]
Rosemary [illegible]
Billy K[illegible]

BEST AVAILABLE COPY

補遺の出典

補遺一
国家安全保障アーカイヴの許可により再掲
国家安全保障アーカイヴ電子報告書類一六二号、「ドキュメント七六」の項
http://www.gwu.edu/~nsarchiv/NSAEBB/NSAEBB162/76.pdf

補遺二
オレゴン州立大学、特別コレクションおよびアーカイヴ・リサーチ・センターの許可により再掲
一九六七年、ベトナム戦争に関するノーム・チョムスキーとライナス・ポーリングの発表のチラシ

補遺三
アメリカ科学振興協議会の許可により再掲
「ベトナムにおける農作物の破壊を批判する科学者たち」は、"Congress: Productive Year Is Seen Despite Vietnam," *Science* 151 (January 1966): 309 より

補遺四
「ロバート・コナードへの手紙。主題：核爆弾被害者の処遇および太平洋（マーシャル諸

島）において核の脅威を終わらせる試み、一九七五年四月九日」
http://www.hss.energy.gov/healthsafety/ihs/marshall/collection/ data/ihp2/1976_.pdf

補遺五
「J・L・リヴァーマンへの手紙。主題：マーシャル諸島人六六名の医療記録が複写され、日本の左派反核グループ（原水禁）が所有していることについて、一九七六年七月二七日」
米エネルギー省、健康安全および安全保障部局
http://hss.energy.gov/healthsafety/ihs/marshall/collection/data/ihp1a/1383_.pdf

補遺六
国家安全保障アーカイヴの許可により再掲
国家安全保障アーカイヴ電子報告書類八二号、「ドキュメント二四」の項
http://www.gwu.edu/~nsarchiv/NSAEBB/NSAEBB82/iraq24.pdf

補遺七
『マーキュリー』紙（南アフリカ）の許可により再掲
「COP17での合衆国上院議員の声明は私たちを失望させた」
http://www.highbeam.com/doc/1G1-275270064.html

補遺八

『デモクラシー・ナウ！』の許可により再掲
「『今すぐに』——気候変動には緊急の正義を、若者代表アンジャリ・アパデュライが国連サミットでマイク・チェック」http://www.democracynow.org/2011/12/9/get_it_done_urging_climate_justice

補遺九

「ポイント・ホープ保健協議会のJ・ケネディへの手紙、一九六一年三月三日、ドキュメント番号一六八七二」
ネバダ州ラスヴェガス、合衆国エネルギー省、連携情報センター

著者について

ノーム・チョムスキー（Noam Chomsky）一九二八年にフィラデルフィアに生まれる。ペンシルヴァニア大学で学び、一九五五年に言語学で博士号を取得。マサチューセッツ工科大学に職を得て、一九七六年に教授となる。言語の習得と生成に関する理論で国際的な名声を得る。ベトナム戦争期にアクティヴィストおよび知識人として有名になる。一九八八年、エドワード・ハーマンとの共著『マニュファクチュアリング・コンセント――マスメディアの政治経済学』（中野真紀子訳、トランスビュー、日本語訳二〇〇七年）で、メディアに対する容赦ない批判を行う。二〇〇一年一一月刊の『9・11――アメリカに報復する資格はない！』（山崎淳訳、文春文庫、日本語訳二〇〇二年）は、その主題に関する最も重要な本のひとつであることは論をまたないが、この本の出版によって、彼は歴史上の名だたる他の政治哲学者と同じく、世界で不可欠の声として最も広く読者を獲得した。『9・11』は本書のようにインタヴューで構成されている。チョムスキーは言語学、哲学、思想史、同時代の出来事、国際問題、合衆国の外交政策など、広範なテーマについて執筆し講演を行なっている。二〇一〇年に、チョムスキー、エドゥアルド・ガレアーノ、マイケル・ハート、ナオミ・クライン、ヴァンダナ・シヴァは、国際的なオキュパイ運動を契機として作成された宣言（マニフェスト）『ユナイテッド・フォー・グローバル・デモクラシー』に署名した。

ラリー・ポーク（Laray Polk）一九六一年、オクラホマ州生まれ。現在はテキサス州ダラスに在住。マルチメディア・アーティスト、作家。彼女の記事と調査報道は、『ダラス・モーニング・ニュース』、『Dマガジン』、『イン・ジーズ・タイムズ』などに掲載されてきた。彼女は、二〇〇九年に『ネイション』誌の協会（インスティテュート）から調査報道のための基金を得て、オガララ帯水層に近接している、テキサス州の放射性廃棄物処理場の建設とその背景にまつわる政治的紛糾と科学の妥協に関する記事を出版した。

原注

序文

（1）「世界の軍事的指導者たちにとって、環境変化に関する議論は終結して久しい。彼らは北極圏において新たなたぐいの冷戦を準備している。気温が上昇しつつあるために、貴重な資源の新たな発見や長らく夢見ていた海上交通路、そして幾多の潜在的紛争がもたらされるだろうと予期しているからだ。」（Eric Talmadge, "As Ice Cap Melts, Militaries Vie for Arctic Edge," Associated Press, April 16, 2012.）石油をめぐる将来の対立紛争地域には、ホルムズ海峡、南シナ海、カスピ海域が含まれる。（Michael T. Klare, "Danger Waters: The Three Top Hot Spots of Potential Conflict in the Geo-Energy Era," TomDispatch.com, January 10, 2012.）チュクチ海*とボーフォート海*における海洋掘削については、第1章、注3を見よ。

（2）二〇〇五年、アンゴラの深海で海洋深海掘削が行われていた時、エクソンの広報担当者が述べた。「世界中で容易に手に入る全ての石油とガスは、大部分が発見されてしまった。次に来るのは、さらにきつい環境と作業場で石油を発見し生産するというより大変な仕事だ。」これには証拠がある。非在来型の石油（北極沖、油砂、シェール油、深海のプレサル層、タイトオイル）の新たな開拓地帯は、亜寒帯森林や世界中の海域などの慎重を要する地域において、極度の環境リスクを伴うからだ。ＢＰ社*のデータによれば、「世界で判明している［石油］埋蔵量」が現在の需要を満たし

*チュクチ海：チュコト海ともいう。北極海の一部、アジアと北米のあいだのベーリング海峡の北部。

*ボーフォート海：北米北海岸の北極海の一部。

*ＢＰ社：イギリスの石油会社、ブリティッシュペトロリウム。

つつ持ちこたえる期間は、推定約四六年間である。（John Donnelly, "Price Rise and New Deep- Water Technology Opened Up Offshore Drilling," *Boston Globe*, December 11, 2005. および Mark Finley, "The Oil market to 2030 – Implications for Investment and Policy," Economics of Energy & Environmental Policy 1, no.1（2012）: 28.

（3）Christian Parenti, *Tropic of Chaos: Climate Change and the New Geography of Violence*（New York: Nation Books, 2011）, 226.

第1章　破滅に向かう環境世界

（1）Ley de Derechos de la Madre Tierra, Ley Nro. 071（Estado Plurinacional de Bolivia December 21, 2010）, http://www. gobernabilidad.org.bo/. agenda for "Rights of Mother Earth: Restoring Indigenous Life Ways of Responsibility and Respect," International Indigenous Conference, Haskell Indian Nations University, Lawrence, Kansas, April 4–6, 2012 も見よ。

（2）ニクソン大統領は、就任後すぐに、反汚染計画のための自律的な規制機関の設立に向けて動いた。一九六九年に、議会は国家環境政策法（ＮＥＰＡ）を可決。一年以内に、環境保護庁が設立された。ＮＥＰＡに署名するにあたってニクソンは述べた。「一九七〇年代は、アメリカが、空気、水、生活環境の清潔さを取り戻すことで、過去への負債を償わなければならない一〇年だ。文字通り、今しかないのだ。」（"The Guardian: Origins of the EPA," EPA Historical Publication-1 [Spring 1992]; Dennis C.Williams, "The Guardian: EPA's Formative Years, 1970–1973," EPA 202-K-93-002 [September 1993].）

（3）オバマ政権の認可とともに、ロイヤル・ダッチ・シェル社は、二〇一二年夏、チュクチ海とボーフォート海において試験的に海洋ドリル掘削を始めた。しかし、海洋氷河の状況変化へ対応できなかったために、「北極海の状況は安全なドリル掘削のためにはあまりに予測不可能であり、企業はそのような状況に対応できていないとする環境保護主義者たちの懸念に説得力を与えている」。同様の計画を抱えている企業には、エクソン・モービル社（ロシアのロスネフチ社*との業務提携）、コノコフィリップス社*、スタトイル社*がある。（Tom Fowler, "Shell Races the Ice in Alaska," *Wall Street Journal*, August 20, 2012.）アラスカにおけるアクティヴィズムについては、補遺九を見よ。

（4）「二〇〇九年に初めて、全米商工会議所は、政治支出に関して共和党と民主党の全国委員会の双方を上回った。［……］商工会議所は環境保護庁にたいして、炭素の規制を行わないよう強く要求する準備書面を提出していた。商工会議所は忠告して、もし世界中の科学者達が正しく、地球が温暖化するのだとしても、『人びとは、行動、生理的機能、技術の面から様々に順応して、より温暖な気候に慣れることができる』と述べた。過激派も真っ青なほど、お前たちの生理機能を変化させよという要求は、向こう側では正しく見えるようだ。」（Bill McKibben, "Global Warming's Terrifying New Math," *Rolling Stone*, August 2, 2012.）気候に関する姿勢の相違のために、四つ主要な会社が商工会議所から脱退した。アップル社、パシフィック・ガス&エレクトリック社*、PNMリソース社*、エクセロン・コーポレーション*である。ナイキは、役員会を辞任した。（David A. Fahrenthold, "Apple Leaves U.S. Chamber over Its Climate

*ロスネフチ社：ロシア国営の最大石油会社。

*コノコフィリップス社：アメリカ合衆国テキサス州に本社を置く。

*スタトイル社：ノルウェーのエネルギー企業で、北欧最大。

*パシフィック・ガス&エレクトリック社：サンフランシスコ・ベイエリアを中心として、カリフォルニア州北部にガスと電気の供給を行う企業。

"Position," *Washington Post*, October 6, 2009.)

(5) 大統領指名選の終盤近くになって、ハンツマンは立場を変えた。二〇一一年八月一八日、ハンツマンはツイッターに書いた。「はっきり言おう。私は進化論を信じるし、地球温暖化については科学者たちを信頼する。狂人と呼んでくれ。」二〇一一年一二月六日、ヘリテージ財団において彼は主張した。「最近スコットランドのある大学で証明されたように、科学の正当性には疑問が投げかけられている。」ハンツマンの発言は、匿名のハッカーによってイースト・アングリア大学から盗まれた電子メールが公表された事件*、そして、南アフリカのダーバンで開催されたCOP17の進行と同時期の出来事だった。(Evan McMorris-Santoro, "Jon Huntsman's Climate Change Flip Flop Explained," TalkingPointsMemo. com, December 6, 2011. および Justin Gillis and Leslie Kaufman, "New Trove of Stolen E-mails from Climate Scientists is Released," *New York Times*, November 22, 2011.) 共和党の選挙運動へのティー・パーティーの影響に関しては、第6章、注3を見よ。

(6) ハリケーン・イレーネがかろうじて迂回した後のフロリダ州のある集会で、ミシェル・バックマンは聴衆に語った。「神が政治家の注意をひくためにどれほど多くのことをしなければならないのか、私にはわかりません。地震も体験したし、ハリケーンも体験しました。神は述べたもうたのです。『ここで私の話を聴く準備ができているかね?』」同様の文脈で、メキシコ湾の油田掘削装置ディープウォーター・ホライズンで爆発事故があってから一ヶ月も経たないうちに、知事のリック・ペリーはBP社による大規模な石油流出を「神の仕業」と形容した。(Adam C. Smith, "Michele

＊PNMリソース社：ニュー・メキシコ州に本拠を置き、石炭・天然ガスから原子力発電、太陽光発電まで手がける。

＊エクセロン・コーポレーション：大手の電力・ガス供給会社。合衆国で最多、一九基の原子炉を保有。かつて事故を起こしたスリー・マイル島原子力発電所はこの会社の傘下にある。

＊イースト・アングリア大学から盗まれた電子メールが公表された事件：イースト・アングリア大学は実際にはスコットランドではなく、イングランド中東部にある。これらの電子メールとは、気候科学者たちが気候変動理論を証明するためのでっち上げを行ったことを証明する内部メールのことである。しかし、この話自体の信憑性は疑わしく、すでに何度も嘘だと証明されている。

Bachmann Rally Draws over 1,000 in Sarasota, but Some Prefer Rick Perry," *Tampa Bay Times*, August 29, 2011. および Peggy Fikac, "Perry Stands by 'Act of God' Remark about Spill," *Houston Chronicle*, May 5, 2010.）

（7）Hugo Chávez, "Chavez Address to the United Nations," CommonDreams.org, September 20, 2006. 合衆国とベネズエラのエネルギー関係については、本章の注8を見よ。

（8）「一九五〇年代までに、海外からの低コストの石油は、一〇パーセントの関税と追加の輸送コストを加えても、国内市場におけるアメリカ産石油を駆逐しはじめた。一九五八年に、アイゼンハワー政権は、テキサスの石油ロビーの圧力により、生産の割当量を課した。これが一四年間続き、合衆国の石油埋蔵量を激減させた。［……］一九五九年にベネズエラは、アメリカの石油市場へ特権的にアクセスする権利と引きかえに、国内市場を合衆国の輸出品に開放することを提案した。合衆国がこの提案を断り、一九三九年に交わされた相互貿易協定を破棄すると、ベネズエラは最安値かつ最大の石油生産国であるサウジアラビアに接近を試み、共に一九六〇年にバグダッドで石油輸出国機構（ＯＰＥＣ）設立会議を招集した。ＯＰＥＣは有利な状況を活用し、石油価格を一九七三年と一九七四年には四倍に、一九八一年までには一〇倍につり上げることになった。」（*Encyclopedia of Tariffs and Trade in U.S. History*, ed. Cynthia Clark Northrup and Elaine C. Prange Turney [Westport, CT: Greenwood, 2003], 1:286.）

（9）二〇〇八年に、フロリダ州立大学経済学部は、チャールズ・G・コーク慈善基金から、一五〇万ドルの資金提供を受け入れた。代わりに、「政治経済と自由な企業」を促進するプログラムのために新たに教職員を採用する際には、コーク基金が指名した諮問委員会の認可を得なければならない。他の二つの大学も、同様の取り決めをした。クレムソン大学とウェスト・ヴァージニア大学だ。コーク基金は、ジョージ・メイソン大学にも数百万ドルを提供し、メルカタス・センターの設立を援助した。このセンターは、ある政治戦略家によれば、「ワシントンにおける規制緩和政策のグラウンド・ゼロ」だという。（Kris Hundley, "Billionaire's Role in Hiring Decisions at Florida State University Raises Questions," *Tampa Bay Times*, May 10, 2011.）

（10）Tom Hamburger, Kathleen Hennessey, and Neela Banerjee, "Koch Brothers Now at Heart of GOP Power," *Los Angeles Times*, February 6, 2011.

（11）「『マザー・ジョーンズ』の数え上げたところでは、エクソン・モービルが融資する四〇にも上る組織が、地球規模の気候変動に関する主流の科学的発見をだいなしにしたり、そのような行為をしつづける『懐疑的な』少数の科学者と関係を維持したりしている。」（Chris Mooney, "Some Like It Hot," *Mother Jones*, May/June 2005.）エクソン・モービルとコーク兄弟は、ともに米国立法交流評議会（ＡＬＥＣ）の有力な支持組織である。ＡＬＥＣとは、企業のロビイストや弁護士からなる集団で、毎年豪奢な会合を開き、国家レベルで法律の決まり文句を作成している。Beau Hodai, "Publicopoly Exposed: How ALEC, the Koch Brothers and Their Corporate Allies Plan to Privatize Government," *In These Times*, July 2011を見よ。

（12）Naomi Oreskes and Erik M. Conway, *Merchants of Doubt: How a Handful of Scientists Obscured the Truth on Issues from Tobacco Smoke to Global Warming*（New York: Bloomsbury Press, 2010）. Peter J. Jacques, Riley E. Dunlap, and Mark Freeman, "The Organisation of

Denial: Conservative Think Tanks and Environmental Scepticism," *Environmental Politics* 17 (June 2008)：349–85を見よ。

第2章　大学と異議申し立て

（1）ゲイリー・ミルホリンの証言を見よ。（"U.S. Export Control Policy toward Iraq," C-SPAN Video Library [C-SpanVideo.org], October 27, 1992.）爆轟にかんする物理学についての学術会議に出席するためにエネルギー省によって招待されたイラクの科学者たちについては Martin Hill, "Made in the USA: How We Sold Secrets to Iraq That Helped Saddam Hussein Go Nuclear," *Mother Jones*, May/June 1991を見よ。また Mark Clayton, "The Brains behind Iraq's Arsenal: US- Educated Iraqi Scientists May Be as Crucial to Iraq's Threat as Its War Hardware," *Christian Science Monitor*, October 23, 2002も見よ。

（2）すでに一九八三年の時点で、アメリカ合衆国高官は、イラクがクルド人とイラン人にたいして化学兵器を「ほぼ毎日使用」していることを知っていた（国家安全保障アーカイヴ電子報告書類八二号、「ドキュメント一二五」の項）。レーガンが政府を去ってからほぼ一年後の一九九〇年、合衆国海兵隊は、イラクではなくイランが化学兵器を採用していると繰り返すマニュアルを公表した。「毒性化学兵器のブラッド・エイジェントは、この戦争における最も悪名高い化学兵器使用――ハラブジャでのクルド人殺害――に責任があると伝えられている。イラク人はこれら二つの毒薬を使ったという前歴がないために――イラン人はその前歴があるのだが――イラン人がこの攻撃を犯した、われわれはそのように結論づける。致死量のシアンは標的となった地域で手に入れることは難しいということも注目に値する。それゆえ、五千人のクルド人がハラブジャで死んだという報告は疑わしい。」（海兵隊出版物電子図書館 "FMFRP 3-203" の項、一九九〇年一二月、一〇〇ページ）二〇〇二年に、ブッシュ大統領は立場を逆転させた。「イラクの体制は、一〇年以上にもわたって炭疽菌や神経ガスや核兵器の開発を計画してきた。毒ガスを使って何千もの市民を殺害し、母親たちの体を子供の死体に覆い被さるままにしてきたのは、この政権なのだ。文明化された世界から隠蔽すべきものがあるのは、この政権なのだ。」（ジョージ・W・ブッシュ一般教書演説、二〇〇二年一月二九日。）

（3）レーガンとジアの同盟は、アメリカとヨーロッパおよびアラブ諸国の同盟国がアフガニスタンでのムジャヒディンによる「ソビエト連邦にたいする聖戦（ジハード）の武装化を進めたときに始まった。一九八二年から一九九〇年のあいだに、CIAがパキスタンとサウジの諜報機関と組んで、パキスタンのマドラスにおいて四三カ国のムスリム国家から集めたおおよそ三万五〇〇〇人のイスラム戦士の武装化と訓練に資金提供を行った。その見返りに、レーガンはジアの政策——拷問、軍によるドラッグ経路の掌握、パキスタンの核兵器計画——を問わないことに同意した。ジャーナリストのアハメド・ラシードによれば、「ジアとレーガンによって開始された地球規模のジハードは、アル・カイダの基盤を作り、次の二〇年にわたってパキスタンを世界の聖戦（ジハード）主義の中心へと変えることになった。［……］レーガンはイスラマバードにおける核兵器開発を問いつめないことで、——ジアが核実験を行うことによってワシントンを辱めないかぎりで——核拡散に関するアメリカの立場にかなりの妥協を迫られた。」（*Descent into Chaos: The United States and the Failure of Nation Building in Pakistan, Afghanistan, and Central Asia* [New York: Viking, 2008], 9, 38–39.）

（4）一九八一年にパキスタンでＣＩＡの支部長官を務めていたハワード・ハートによれば、「ソビエトの兵士を殺しに行け」と命令したのだった。ハートはそれに関して「とんでもない！　楽しかったさ−！」と述べた。（Tim Weiner, *Legacy of Ashes: The History of the CIA* [New York: Doubleday, 2007], 384.）『ル・ヌーヴェル・オブセルヴァトゥール』誌がブレジンスキーに尋ね、アフガニスタンにおけるアメリカの秘密裏の介入について後悔はないかと聞いたとき彼は答えた。「何を後悔するっていうのだ。あの秘密作戦はすばらしい考えだった。結果的にロシア人をアフガニスタンの罠に陥れることになったのだし、そのことを後悔して欲しいとでも言うのか。ソビエト人が公式に国境を越えたとき、私はカーター大統領に手紙を書いて、『やっとソビエト連邦共和国にベトナム戦争を与える時機が到来した』と述べたのだ。実際のところ、ほぼ一〇年ものあいだモスクワは戦争を実行しなければならならず、政権を維持できなくなるほどだった。その紛争が士気喪失をもたらし、最終的にはソビエト帝国の崩壊を招いたのだった」（David N. Gibbs, "Afghanistan: The Soviet Invasion in Retrospect," *International Politics* 37 [June 2000]: 242.）

（5）Andrew Higgins, "How Israel Helped to Spawn Hamas," *Wall Street Journal*, January 24, 2009.

（6）Mark Curtis, *Secret Affairs: Britain's Collusion with Radical Islam*（London: Serpent's

Tail, 2010).

（7）二〇パーセント以下のウラン235を含む原子炉燃料は、低濃縮ウラン燃料ないし「非兵器使用低濃縮ウラン」として分類される。二割以上のウラン235を含む燃料は、高濃縮ウラン燃料、すなわち「九割ないしそれ以上のウラン235を含有する通常兵器レベルのウラン」として分類される。（Frank von Hippel, "A Comprehensive Approach to Elimination of Highly-Enriched-Uranium from All Nuclear-Reactor Fuel Cycles," *Science & Global Security* 12 [November 2004]: 138.）イランが燃料を濃縮する権利が、現在の緊張関係にとって中心でありつづけている。「イランは、高濃縮ウランが必要なのは、癌患者に必要な医療用の放射性同位元素（ラジオアイソトープ）をつくるテヘランの原子炉用燃料を生産するためだと主張している。」（Ali Akbar Dareini, "Iran Claims Two Steps to Nuclear Self-Sufficiency," Associated Press, February 15, 2012.）アメリカ合衆国は、一九六七年にイランにテヘラン研究原子炉を供与した。その原子炉は、当初から高濃縮ウランをもとに稼働するよう設計されていたのだ。（Sam Roe, "An Atomic Threat Made in America," *Chicago Tribune*, January 28, 2007.）

（8）Bryan Bender, "Potent Fuel at MIT Reactor Makes for Uneasy Politics," *Boston Globe*, December 29, 2009.

（9）同上。核技術者を訓練することに加え、MITの原子炉は「前立腺癌治療に用いられる種（シード）に放射線を当てる、また、ハイブリッドカー市場向けにシリコンをパフォーマンスの高い半導体へと変換したりなど、営利目的の事業でもある。」

（10）Robert F. Barsky, *Noam Chomsky: A Life of Dissent*（Toronto: ECW Press, 1997）, 140.

(11) ナノサイエンスとナノテクノロジーは急速な成長分野であり、アメリカは国を挙げて研究開発投資をしている。応用可能な分野としては、素材、製造、エネルギー、防衛、コミュニケーション、医療がある。投資は国家ナノテクノロジー・イニシアティブを通して管理され、エネルギー省、国防総省、アメリカ国立科学財団、アメリカ国立衛生研究所を含む一五の機関を支援している。これらの機関は九〇以上の主要な学際的研究教育センターの土台を成している。これらのセンターのうちの一つ、ＭＩＴ兵站ナノテクノロジー研究所は、軍隊およびレイセオン社、デュポン社*、パートナーズ・ヘルスケア社*などの産業界の協力者たちと共同研究を行っている。「兵站ナノテクノロジー研究所」と「未来戦力兵士」については、第5章の注2を見よ。

(12) グリーンスパンの「市場の奇跡」——インターネット、コンピューター、情報処理、レイザー、人工衛星、トランジスター——に関するチョムスキーの脱構築については *Rogue States: The Rules of Force in World Affairs* (Cambridge, MA: South End Press, 2000), chap.13 を見よ。ナノテクノロジーは、おなじみの技術移転メカニズム*を利用することで、市場開発の次なる未開拓分野を生み出すと期待されている。「ナノ分野は巨大だ。社会、経済、国家セキュリティーにあまねく利益をもたらす。[……]電気、トランジスター、インターネット、抗生物質に匹敵するだろう。どうしてナノ分野に活気があるのか。ベンチャー資本が丸抱えしているからだ。」("Lauren J. Clark, "ISN Director Ned Thomas Speaks on the Promises and Challenges of Nanotechnology," *ISN News*, February 2005, 6–7.)

(13) チョムスキーによる初期の技術レポートの奥付には、ＭＩＴ電子工学研究所（ＲＬ

*デュポン社：アメリカのデラウエア州に本拠を置く化学会社。食品、医療、エネルギーからバイオ関連まで幅広く手がける。近年は放射線防護服も手がける。

*パートナーズ・ヘルスケア社：マサチューセッツ州ボストンに拠点を置き病院を所有するＮＰＯであり医療プロバイダー。

*技術移転メカニズム：大学や研究機関が開発した技術の使用権を企業に与えること。また、兵器産業を他産業に転換すること。

E）の名がある。ＲＬＥは一九四六年に設立され、戦争中につくられた放射線研究所の後を継いだ。放射線研究所は第二次大戦で用いられたレーダーの半分近くをつくっていた。試作品のひとつが、チョムスキーのオフィスがある建物を入ると視界に入ってくる。

（14）Michael Albert, *Remembering Tomorrow: From SDS to Life After Capitalism, A Memoir*（New York: Seven Stories Press, 2007）を見よ。

（15）前ＭＩＴ物理学教授のヴェラ・キスティアコウスキーは同様の見方を表明している。「大学は、研究任務をあらかじめ方向づける出所［例えば国防総省のような］に資金提供の要請や奨励を行うべきではありません。これが望ましい、という教授陣の同意がないかぎりは。個々の教員たちは、自分の研究の予期される結果にたいして責任を持つべきですし、特定の出所からの支援を求めたり受け入れたりすることに付随する結果についてはとりわけ責任を持つべきです。社会的責任というものが大学を評価する規準として重視されるべきですし、昇進やテニュアの決定において重視されるべきです。」（"Military Funding of University Research," *Annals of the American Academy of Political and Social Science* 502 [March 1989]: 153．）

第3章　戦争の毒性

（1）一九六九年に、ヘンリー・キッシンジャーはマーシャル諸島の住人について述べた。「九万人しかいないじゃないか。誰が気にするというんだ。」Jane Dibblin, *Day of Two Suns: U.S. Nuclear Testing and the Pacific Islanders*（New York: New Amsterdam Books,

1990）に引用されている。マーシャル諸島の人びとの現在の生活については André Vltchek, “From the Kwajalein Missile Range to Fiji: The Military, Money and Misery in Paradise,” *Asia-Pacific Journal*（October 2007）を見よ。

（2）「イギリスの政策の主な被害者は人間とはみなされないもの（Unpeople）なのだ。権力と商業的な利益の追求のためなら、その命が無価値で消費可能だとみなされた者たち。植民地期の『野蛮人』の現代版だ。事実上は秘密裏に、あるいは加害者たちが文明の担い手として賛美された状況で、英国製の銃で掃射された者たちだ。」（Mark Curtis, *Unpeople: Britain's Secret Human Rights Abuses* [London: Vintage, 2004], 2.）『一九八四年』でのオーウェルの「非在人間（unperson）*」という用語の使用も見よ。

（3）医師のヘレン・カルディコットにこの描写を適切と思うかと尋ねたとき、「私なら、爆発を伴わない核戦争であり、その影響に終わりのない戦争だと言うでしょう」と応えた。二〇一二年二月一六日、電子メールでのやりとり。

（4）枯葉剤と健康および環境の悪化のつながりの究明に向けたアメリカ国立環境衛生科学研究所とベトナムの合同プロジェクトが軌道に乗ることはなかった。その研究は「アメリカの枯葉剤生産者に抗議する何百万ものベトナム側原告のための集団訴訟に証拠を提供すると期待されていた」（Declan Butler, “US Abandons Health Study on Agent Orange,” *Nature* 434［April 2005］: 687.）訴訟の結果については本章の注12を見よ。

（5）Fred A. Wilcox, *Scorched Earth: Legacies of Chemical Warfare in Vietnam*（New York: Seven Stories Press, 2011）; *Waiting for an Army to Die: The Tragedy of Agent Orange*,

＊「非在人間（unperson）」：ジョージ・オーウェルのディストピア小説『一九八四年』で、あらゆる存在の記録を抹消され、歴史上に残らない人びとのことを指す。その人びとの名前に触れることも犯罪とされる。ジョージ・オーウェル『一九八四年』高橋和久訳、ハヤカワepi文庫、二〇〇九年、第4章ほか参照。

2nd ed. (New York: Seven Stories Press, 2011).

（6）Samira Alaani, Muhammed Tafash, Christopher Busby, Malak Hamdan, and Eleonore Blaurock-Busch, "Uranium and Other Contaminants in Hair from the Parents of Children with Congenital Anomalies in Fallujah, Iraq," *Conflict and Health* 5 (September 2011): 1–15.

（7）Patrick Cockburn, "Toxic Legacy of US Assault on Fallujah 'Worse than Hiroshima,'" *Independent* (London), July 24, 2010; Chris Busby, Malak Hamdan, and Entesar Ariabi, "Cancer, Infant Mortality and Birth Sex-Ratio in Fallujah, Iraq 2005–2009," *International Journal of Environmental Research and Public Health 7* (July 2010): 2828–37.

（8）Mads Gilbert and Erik Fosse, *Eyes in Gaza* (London: Quartet Books, 2010) を見よ。

（9）劣化ウラン貫通弾は、冶金学者兼エンジニアのポール・レーヴェンスタインによって一九五八年頃に開発された。彼は、一九四六年から一九九九年まで、核金属株式会社（ＮＭＩ）の技術所長兼副社長として勤務した。私有企業となる以前、ＮＭＩはマサチューセッツ工科大学キャンパスのフード棟で運営されていた。一九四三年に、ＭＩＴはマンハッタン技術区域に指定され、ウラン２３５とベリリウムからなる合金を生産していた。一九五八年には、機械設備や人員、ウランおよびベリリウムの処置資格を含む業務全体が、私営に移行してマサチューセッツ州コンコードへ移転した（Renee Garrelick, *M.I.T. Beginnings: The Legacy of Nuclear Metals, Inc.* [Concord, MA: Nuclear Metals, 1995]）。ＭＩＴは汚染のためにフード棟を解体した。一九九〇年代末には、市民グループの要請により、地下水汚染の疑いでコンコードのＮＭＩの所在地が調査された。結局、ＮＭＩの所在地はアメリカ合衆国環境保護庁の優先リストに記載され、現在も続く復元作業は推定で六三九〇万ドルかかると言われている。

(10) Wilcox, *Scorched Earth*, 124–31.

(11) 公文書によれば、一九六一年一一月三〇日にケネディ大統領はある計画を承認していた。その計画とは、「入念な選択と慎重な管理のもとでベトナム枯葉剤作戦の合同計画に参加し〔……〕その後、移住をすれば食料が供給されるとの説得を相当慎重におこなったときにかぎり、兵糧攻めに移行する」というものだ。(William A. Buckingham Jr., *Operation Ranch Hand: The Air Force and Herbicides in Southeast Asia 1961–1971* [Washington, DC: Office of Air Force History, 1982], 21)。別の記録では、農作物破壊の決定が同月の初旬になされていたことが示されている。一一月一一日に国家安全保障会議は「ベトコンの農作物を殺す」ために、ベトナムへ「航空機と兵隊、化学枯葉剤」の輸送を承認していた。一一月二七日までには、「散布器具が南ベトナムのＨ３４型ヘリコプターに搭載」され、「農作物に用いられる準備ができて」いた。(George McT. Kahin, *Intervention: How America Became Involved in Vietnam*, 1st ed. [New York: Knopf, 1986], 478.) 農作物の破壊への抗議については、補遺三を見よ。

(12) 一九八四年にモンサントとその他六つの企業は、集団訴訟で合衆国の退役兵たちと和解した。地方判事のジャック・Ｂ・ワインシュタインがその一部を策定した計画に従い、一億八〇〇〇万ドルが分配された。二〇〇五年にワインシュタインは特定の意図にもとづいて、ベトナム人の枯葉剤被害者の主張をしりぞけた。「アメリカ合衆国は、ある集団を破壊しようという特定の意図を持ってベトナムで除草剤を用いたのではなかった。その除草剤は個々人を傷つけるためでもなければ、全人口を飢えさせて従属や死に追いやるために作られたわけでもない。除草剤は、主に奇襲から軍隊を守るために草植物に適用されたのであり、人びとを破壊するためではなかった。」（Vietnam Association for Victims of Agent Orange/Dioxin v. Dow Chemical Co. et al., MDL No. 381, 04-CV-400 [E.D.N.Y. March 25, 2005].）Dominic Rushe, "Monsanto Settles 'Agent Orange' Case with US Victims," *Guardian*（London）, February 24, 2012も見よ。

（13）Martin Chulov, "Iraq Littered with High Levels of Nuclear and Dioxin Contamination, Study Finds," *Guardian*（London）, January 22, 2010; Aseel Kami, "Iraq Scarred by War Waste," *Globe and Mail*（Toronto）, October 24, 2008. 焼却穴は致命的な毒のもう一つの出所だ。「二〇〇三年以来、軍需業者は軍の廃棄物を破壊する手法として、イラクとアフガニスタンの米軍基地の大部分で焼却穴を使用してきた。穴で焼却されるのは、遺棄された人体の一部、プラスチック、有害な医薬品、リチウム電池、タイヤ、油圧作動油、乗物などである。焼却穴は、ジェット燃料のおかげで一日に二四時間、一週間に七日間稼働している。」（J. Malcolm Garcia, "Toxic Trash: The Burn Pits of Iraq and Afghanistan," *Oxford American*, August 24, 2011.）

（14）一九九四年にクリントン大統領は、放射線被曝実験諮問委員会（ＡＣＨＲＥ）を設立し、一九四四年から一九七四年のあいだに実施され、合衆国政府が資金を提供した研究について調査した。一連の資料が探索、集積され、機密文書指定を外された。そして、プルトニウムおよびその他の核爆弾に関連する物質を用いた、四〇〇〇近くにのぼる放射線実験の事例が確認された。子供にたいする治療目的ではない研究、全身放射線照射、囚人についての研究、放射性同位元素（ラジオアイソトープ）の意図的な放出および環境への排出、ウラン鉱山の坑夫やマーシャル諸島の住人を含む、観察にもとづく研究などである。一九九五年に、かつてのACHREにあった文書は、ワシントンDCのジョージ・ワシントン大学にある（独立した非政府系研究機関および図書館の）アメリカ国家安全保障アーカイヴによって買収された。

第4章　核の脅威

（1）一九九五年一月にロシアは、ノルウェーの気象衛星をアメリカの潜水艦より発射された弾道ミサイルと誤認した。ボリス・エリツィン大統領は核ミサイル発射のコントローラーを握っていたが、最後の瞬間に誤った警報であると決断した。「ロシアの潜在能力が劣化し続けると、事故の機会が増えるだけだ。［……］ロシアの初期警戒システムは『深刻な荒廃・破損状態』にあり、ロシアの大統領がパニックを起こし、一九九五年のエリツィンとは異なる結論に達しうることが、よりいっそう現実味を増している。」(Joseph Cirincione, *Bomb Scare: The History and Future of Nuclear Weapons* [New York: Columbia University Press, 2007], 96–97.)

（2）国連安保理決議一八八七は、二〇〇九年九月二四日に全会一致で可決された。二日後、ペンシルベニア州ピッツバーグで、マンモハン・シン首相は報道にたいして、核不拡散条約の非加盟国にも参加を呼びかけたその決議はインドに向けられたものではないとしてオバマ大統領が彼を安心させたこと、そして「民間用原子力協定のもとでアメリカが義務を遂行する約束は［……］そのまま残っている」ことを述べた。一〇月二日、イスラエル政府筋によれば、「イスラエルが核兵器保有庫を国際的な査察に開示しないままでいること」を許容する四〇年にもわたる曖昧政策は、実効力を保ったままであることをオバマが再確認した。（"NPT Resolution Not Directed against India: US," Indo-Asian News Service, September 26, 2009; Eli Lake, "Obama Agrees to Keep Israel's Nukes Secret," *Washington Times*, October 2, 2009.）

（3）レーガンとジアの同盟および核計画については、第2章、注3を見よ。

（4）James Lamont and James Blitz, "India Raises Nuclear Stake," *Financial Times*, September 27, 2009.

（5）二〇〇六年のブッシュ大統領とのインドの核に関する取り決め以前に、原子力供給国グループ（ＮＳＧ）は「比較的効果的な核不拡散の企業連合」として機能していた。ＮＳＧは、一九七五年に前年のインドによる最初の核実験を受けて、アメリカ政府筋と原子力技術供給国のあいだで行われた秘密会合から発展した。その会合は問題となる品目の売却に関して規制を設け、ＩＡＥＡの査察が及ばない場での非核兵器保有国への売却禁止に同意した。ブッシュは、最低八つの施設に査察立入禁止を設けている国に、原子炉、核燃料および核技術の売却を認めた。その結果、この動きは第二の核不拡散の抑制均衡システム——第一は核不拡散条約——に妥協を強いることになった。（Cirincione, *Bomb Scare*, 37–38.）

（6）二〇〇九年のＩＡＥＡ総会の期間中、核不拡散条約と中東での非核武装地帯の設立に関する決議が抱き合わせで採択された。決議一六は、中東一般に向けて呼びかけており、賛成一〇三、反対〇により可決された。決議一七は、とりわけイスラエルに呼びかけており賛成四九反対四五の僅差で可決されたものの、「票は西洋諸国と発展途上国のあいだで割れた」。この可決について、イスラエル使節団代表のダヴィド・ダニエリは議会に向けて「イスラエルはこの決議に関するいかなる問題も協力することはない」と述べた。二〇〇九年九月、第五三回ＩＡＥＡ総会、決議一六および決議一七。(Sylvia Westall, "UN Body Urges Israel to Allow Nuclear Inspection," ,Reuters, September 18, 2009.)

(7) 中東における非核武装地帯は、一九六二年にイスラエルの知識人グループによって中東非核化会議として最初に提起され、一九七四年のエジプトとイランの合同による総会決議がそれに続いた。それ以来、決議は毎年可決されてきたが、多くの障壁によって実現には至っていない。("Scientists Call for Nuclear Demilitarization in the Region," *Ha'aretz* [ヘブライ語版], July 25, 1962; Nabil Fahmy and Patricia Lewis, "Possible Elements of an NWFZ Treaty in the Middle East," *Disarmament Forum*, no. 2 [2011]: 39-50.) アメリカと二〇一二年のヘルシンキ会議の決裂に関しては Noam Chomsky, "The Gravest Threat to World Peace," *Truth- Out.org*, January 4, 2013 を見よ。

(8) 一九六〇年一二月に、アメリカ政府はイスラエルに核兵器計画の可能性に関して五つの質問を提出した。「(一) 新たな原子炉で得られるプルトニウムの処置に関して、現在のイスラエル政府の計画は何か。(二) イスラエル政府は精製済みのプルトニウムに関して適切な安全防護装置を用いることに同意するか。(三) イスラエル政府は、ＩＡＥＡやその他の友好国の、資格を有する科学者による新たな原子炉への訪問を許可するか。（四）第三の原子炉は建設中なのか、あるいは計画段階なのか。（五）イスラエルは核兵器開発計画を有しないと無条件に断言しうるのか。」（Avner Cohen, *Israel and the Bomb* [New York: Columbia University Press, 1998], 93–94.）

（9）一九六九年九月二六日、ニクソン大統領とゴルダ・メイア首相によって、イスラエルの核に関する曖昧政策が合意された。その合意は一九九一年にジャーナリストのアルフ・ベンによって明らかにされるまで秘密のままだった。（Avner Cohen and Marvin Miller, "Bringing Israel's Bomb Out of the Basement: Has Nuclear Ambiguity Outlived Its Shelf Life?," *Foreign Affairs*, September/October 2010.）コーエンは、イスラエルの政策とイランの核兵器への野望の可能性のあいだに相似形を見ている。「事態は一線を越しており、私の意見では、イランは当分のあいだ核弾頭を持っているかもしれないし、持っていないかもしれないという国家のままでありたいと望むし、それが可能である。イランは曖昧さに満ちた国家だ。」（Noam Sheizaf, "Clear and Present Danger," *Ha'aretz*, October 29, 2010.）

（10）Louis Charbonneau, "U.S. and Other Big Powers Back Mideast Nuclear Arms Ban," Reuters, May 5, 2010.

（11）ディエゴ・ガルシア島には、地球上配置衛星システム（ＮＡＶＳＴＡＲ ＧＰＳ）作動のために用いられる五つの観測場所のうちのひとつがある。地上配置網のその他の場所には、ハワイ、コロラド、アセンション島、クェゼリン環礁がある。一九七三年にアメリカ国防総省によって実行されたＮＡＶＳＴＡＲ ＧＰＳは、無線航法システムのことであり、三角網を基盤とした衛星を用いることで、軍用および民間利用（すなわち、乗物やセルラー式の地図定位システム）の双方に、正確な地理空間座標を提供している。そのシステムは、通常は短縮してGPSと言われている。ディエゴ・ガルシア島の住民の永久的な立退き命令（一九七三年頃）は、アメリカの軍事計画へと道を譲り、継続的な議論の的となっている。イギリス政府の海洋保護区域の設置計画に関する最近の報道が、問題をさらに刺激してきた。リークされた外交電報によって、その計画がチャゴス諸島の住人の帰還権を否認しようとする動きであるとの疑いが確証されたのだ。「もし全チャゴス群島が海洋保護区域になったら、英領インド洋植民地の元住民らは、島々に再定住する権利を追求することが、不可能ではなくとも困難であるとみなすだろう。」（*WikiLeaks*, s.v. "Cable 09LONDON1156, HMG Floats Proposal for Marine Reserve Covering," May 2009.）GPSとクェゼリン環礁については、第3章注1のヴルチェク（Vltchek）論文を見よ。

（12）二〇〇九年に国防総省は、「緊急作戦上に必要」な資金調達の要請を議会に送り、大型貫通爆弾——地中の標的を攻撃するために設計された三万ポンド〔約一万三六〇八キログラム〕の地中貫通爆弾（バンカー・バスター）——の開発とテストの進展を早めるよう促した。その要請は、他の数百の品目とともに九三ページに上る「再計画」要請の内部にリスト化されており、大した告知もなく認可された。（Jonathan Karl, "Is the U.S. Preparing to Bomb Iran?," ABC News, October 6, 2009.）ディエゴ・ガルシアへの地中貫通爆弾（バンカー・バスター）の輸送については Rob Edwards, "Final Destination Iran?," *Herald* (Scotland), March 14, 2010 を見よ。

（13）John J. Kruzel, "Report to Congress Outlines Iranian Threats," AFPS（Defense.gov），

April 20, 2010.

（14）National Security Archive Electronic Briefing Book No. 255, "New Kissinger 'Telcons' Reveal Chile Plotting at Highest Levels of U.S. Government"を見よ。

（15）モハンマド・モサッデクの指導のもと、イランは、国有化された石油産業を含む自国の資源から、「さらなる利益」を追求した。フランクリン・ルーズベルト大統領の前顧問であったアドルフ・バールは、国務省の友人に特電を送り、ペルシア湾の石油利権は「実質的な世界支配」に値すると強調、介入には「適切な形式」が必要とされることを示唆した。ＣＩＡはアヤックス作戦を開始し、モサッデク失脚のための挑発行為を演じた。一九五三年八月一九日のクーデターで目的は達成された。「国王（シャー）が亡命生活から戻った一九五三年のあの日のすべての帰結は、実際のところ、イラン人やアメリカ人にとっても決して終わってはいない。四半世紀ものあいだレザー・パフラヴィーは自国とアメリカの政策の両方を支配していたと言いうるだろう。彼はアメリカの軍事製品の最大の顧客のひとりとなった［……］イランは今やたんに石油産出国となっただけでなく、その他の冷戦のジレンマ――とりわけ、ベトナム戦争由来の経済問題を克服する試み――を回復するにあたって手をさしのべたのだ。」（Lloyd C. Gardner, *Three Kings: The Rise of an American Empire in the Middle East After World War II* [New York: New Press, 2009], 96–132.）

（16）"Iran Says Uranium to Go to Turkey, Brazil for Enrichment," Voice of America, May 17, 2010; David E. Sanger and Michael Slackman, "U.S. Is Skeptical on Iranian Deal for Nuclear Fuel," *New York Times*, May 17, 2010.

(17) ジャーナリストのゾーヘル・アブドゥールカリムは、地域的関係の複雑さとして紛争を説明している。「太平洋地域において、島々やその下に眠る資源をめぐる確執になると、ことは単純に中国対その他とはならない。紛争の事例によって、韓国対日本、日本対韓国、台湾対ベトナム、ベトナム対カンボジアなど、中国の行動の背後にあると思われている同様の理由のために、幾多の組み合わせがありうる。資源獲得。愛国的虚勢。歴史的に屈折した心理（それは大抵、第二次大戦中とその以前に東アジアの大部分を日本が残虐に占領したことに関わる）。［……］東アジアの領土問題の加熱には、大国と小国、力の強いものと弱いもの、富者と貧者、賢明さと愚昧さといったことにまつわる各国の利害関心が存在する。しかし善対悪といった無邪気なものではないのだ。」（"Why Asia's Maritime Disputes Are Not Just about China," TIMEWorld［World.Time.com］, August 19, 2012.)

(18) 自由貿易協定と「より価値の置かれるべき、土地と人びととの暮らしの保護」のあいだの緊張関係については、Vandana Shiva, *Stolen Harvest: The Hijacking of the Global Food Supply* (Cambridge, MA: South End Press, 2000) を見よ。炭素依存の輸出については、Bharti Chaturvedi, "Debate over FDI in Retail, Durban Talks Are Linked," *Hindustan Times*, December 4, 2011 を見よ。

(19) 朝鮮海峡に位置する済州島は「二〇もの戦艦と潜水艦が常駐し、海域を基盤とした米軍弾道弾ミサイル防衛システムの戦略的構成要素として機能する広大な基地」として準備されている。二〇一二年七月に、インド海軍は、アンダマン・ニコバル諸島の新基地建設を公表し、世界でも有数の海上交通輸送路であるマラッカ海峡を監視する手段とする、と発表した。二〇〇六年の『ヒンドゥスタン・タイムズ』紙の報道によれば、基地の計画はアメリカの提案によるものであり、「インドとの発展的安定関係と双方の戦略的関係を考慮し、ニュー・デリーにたいして、数年前であったら考えも及ばなかった役割を委託している」という（*Democracy Now!*, "South Korea Cracks Down on Resistance to Jeju Island Naval Base Project," July 19, 2011; "Indian Navy Awaits Regional Nod for Patrolling Malacca Straits," *Hindustan Times*, June 7, 2006）。アメリカとインドの、民間用原子力取引に関しては本章の注5を見よ。

第5章　中国とグリーン革命

（1）Yoni Cohen, "Green Startups Target the Department of Defense," GreentechMedia.com, March 11, 2011; Martin LaMonica, "Five Things We Learned at the ARPA-E Summit," CNet.com, February 29, 2012. および Bruce V. Bigelow, "Navy Draws Heavy Media Coverage for Biggest Biofuel Sea Trial," Xconomy.com, November 21, 2011.

（2）一九八〇年代以来、国防総省は、歩兵を完全なる兵器システムに変化させるべく働きかけており、現在ではそれらは「未来戦力兵士」と呼ばれている。その試みは、マサチューセッツ工科大学（兵站ナノテクノロジー研究所）およびカリフォルニア大学バークレー校（バークレー下肢外骨格システム）で行われている。「将来のセキュリティー環境」で予期される趨勢に基づき、「未来戦力兵士」は、気候変動および自然災害、増大する資源需要、そして大量破壊兵器の拡散に耐えうるよう準備されている。計画への研究投資は、「国民の民間経済にとって、波及的な商業上の利益をもたらし」てきた。（US Army Natick Soldier Research, Development & Engineering Centez [Nsrdec.Natick.Army.Mil]，s.w. "NSRDEC Future Soldier 2030 Initiative," "Doing Business with Us."）ナノテクノロジーと連邦による融資については、第2章の注11と12を見よ。

（3）アメリカ防寒対策補助計画（WAP）は、貧困ガイドラインの一五〇パーセントかそれ以下の低収入の家庭へ適用が限定されている。（DOE, Energy Efficiency & Renewable Energy, s.v. "Weatherization & Intergovernmental Program."）

（4）ブルームバーグによれば、中国のグリーン技術のローンおよび貸出限度額の出所のひとつである国家開発銀行には「世界銀行の資産の二倍以上」がある。*国家開発銀行は、シノベル、新疆ゴールドウィンド、サンテックパワー、ミンヤンに融資している（Natalie Obiko Pearson, "China Targets GE Wind Turbines with $15.5 Billion War Chest," Bloomberg.com, October 14, 2011）。アメリカは二〇一一年に、三一億ドルにも上る中国の太陽光電池を輸入している。二〇一二年三月にはアメリカ商務省は、七つの製造業者が以下のように苦情を申し立てた後に、中国製の輸入太陽電池と太陽光発電パネルに関税を設けることを公表した。「違法な政府補助金によって、中国企業は不公平に貿易利益を計上することが可能だった。補助金に含まれていたのは、ローン、貸付限度額、税制優遇措置、保険、土地および事業費用への好条件の適用であった。」（Ucilia Wang, "Obama Administration to Impose Tariffs on Chinese Solar Panels," *Green Tech* [blog], *Forbes*, March 20, 2012.）"Green Dragon Fund（GRNDRGN: KY），" Bloomberg.com も見よ。

＊シノベル、新疆ゴールドウィンド、サンテックパワー、ミンヤン：シノベルは中国大手の風力発電タービンを手がける会社。新疆ゴールドウィンド社は新疆ウイグル自治区に本拠を置く、風力発電タービンの開発会社。サンテックパワーは中国最大手の太陽光電池および太陽光発電システムのメーカー。ミンヤンは中国大手の風力発電を手がけるメーカー。

（5）John Tirman, ed., *The Militarization of High Technology*（Cambridge, MA: Ballinger, 1984）および Nick Turse, *The Complex: How the Military Invades Our Everyday Lives*, 1st ed.（New York: Metropolitan Books, 2008）を見よ。

（6）レイセオン社の共同設立者ヴァニーヴァー・ブッシュは、一九一九年にＭＩＴの電気工学科に参加し、やがて工学部学部長と副学長を務めた。第二次大戦中にはマンハッタン計画の最高責任者であり、ルーズベルト政権の時期に自らがその設立に助力した科学研究開発局（ＯＳＤＲ）の長官をつとめた。ブッシュは科学、産業、軍事の関係（すなわち軍産複合体）を体系化した人間として知られる。計画の青写真については *Science, The Endless Frontier: A Report to the President by Vannevar Bush*（Washington, DC: Government Printing Office, 1945）を見よ。伝記的な側面については Richard Rhodes, *The Making of the Atomic Bomb*（New York: Simon & Schuster, 1988）, 336 を見よ。レイセオン社と兵站ナノテクノロジー研究所については第2章、注11を見よ。

（7）インドは自国の特許法を修正し、二〇〇五年に「知的所有権の貿易関連の側面に関する協定」（ＴＲＩＰＳ）について、ＷＴＯの合意に従った。ただし、薬品特許をめぐる法廷闘争は現在まで続いており、その顕著なものがインドに子会社を持つスイスの製薬会社ノヴァルティスとの係争だ。インド特許法の第三項（ｄ）によれば、「利潤を目的とした、ないしは、浅薄な技術革新は特許を受けることができない。」国際ＮＧＯは、第三項（ｄ）の無効化によって、インドが発展途上の国々に安価なジェネリック薬品を供給する能力が危機さらされる、と考えている（Rachel Marusak

Hermann, "Novartis before India's Supreme Court: What's Really at Stake?," Intellectual Property Watch [IP-Watch.org], March 2, 2012)。

(8)「政府はすでに、国立衛生研究所を通じた生物医学研究にたいして、年に三〇〇億ドルを支出している。企業が直接に研究に投資し、税制優遇措置を排し、ウォルマートで処方箋当たり四ドルのジェネリック薬品として全部の薬を売ってしまうほうが、ずっと理にかなっているだろう。」(Dean Baker, "Start with the Drug Companies," *Room for Debate* [online forum] *New York Times*, April 13, 2011)。"Financing Drug Research: What Are the Issues?," Center for Economic and Policy Research (CERP), September 2004 も見よ。

(9)マイケル・J・グレーツによれば、アメリカが首尾よくエネルギー政策を実行するにあたっての最大の課題は、「議会が技術的、経済的な見通しよりも地理的理由を優先する傾向だ。[……] 議員がたびたび主張するのは、自分自身の個人的な優先事項である。プロジェクトの目的を指定することで、個々の計画、場所ないしは制度に融資を振り向けているのだ。[……] 明らかに議員の多くは、科学の進歩や技術への期待よりも、強いコネのある有権者や寄付者に報いることについてより大きな関心を持ってきた。」("Energy Policy: Past or Prologue?," *Daedalus* 141 [Spring 2012], 35.)

(10)合衆国の「環境システム技術革新」に関する問題は、二〇〇四年にブッシュ大統領の科学顧問らが指摘した。「デザイン、製品開発、プロセスの発展のすべては、製造業に近い場所から恩恵を受ける。新たな発想を、『現場で』働いている人たちと議論し、試すことができるからだ。[……] 新たな研究と製造業の相互依存は、決定的に重要になるし、これらの繋がりは人びとがもたらしているのだ。」（大統領科学技術諮問委員会「国民環境システム技術革新の持続」二〇〇四年一月）。労働統計局は、合衆国における製造業の雇用が急速に衰退する傾向があると予測している。（Richard Henderson, "Industry Employment and Output Projections to 2020," *Monthly Labor Review*, January 2012.）

第6章　研究と宗教（あるいは、神の見えざる手）

（1）ピュー研究所の分析によれば、宗教団体のなかでも、人間の活動によって地球が温暖化していると述べる傾向が最もあるのは無党派層であり、地球が温暖化していること、ないしは人間に責任があることには確たる証拠がないと述べる傾向が最もあるのは、白人の福音派プロテスタントである。そして、黒人のプロテスタントは、地球温暖化を最も否定しない層である。同研究所による別の調査によれば、気候変動に対する見方は明確な党派の違いによって分かれる。（Pew Research Center [PewResearch.org], "Faith in Global Warming: Religious Groups' Views on Earth Warming Evidence," April 16, 2009　および　"Wide Partisan Divide over Global Warming: Few Tea Party Republicans See Evidence," October 27, 2010.）Aaron M. McCright and Riley E. Dunlap, "The Politicization of Climate Change and Polarization in the American Public's Views of Global Warming, 2001–2010," *Sociological Quarterly* 52（Spring 2011）: 155–94 も見よ。

（2）チェザピーク・エナジー*のオーブリー・マクレンドンとテキサスの億万長者ハロ

*チェザピーク・エナジー：全米二位の天然ガス生産を誇る会社。

ルド・シモンズの経歴を見よ。(Jeff Goodell, "The Big Fracking Bubble: The Scam behind Aubrey McClendon's Gas Boom," *Rolling Stone*, March 15, 2012 および Monica Langley, "Texas Billionaire Doles Out Election's Biggest Checks," *Wall Street Journal*, March 23, 2012.)

(3) 二〇〇八年の大統領選挙のとき、ジョン・マケインは気候変動のことを扱うと約束した。二〇一一年までには、共和党大統領候補者の大多数が気候変動を否定した。コーク基金が融資する「繁栄のためのアメリカ人の会」の会長ティム・フィリップスは、ティー・パーティーやその他のグループを当てこすりながら述べた。「三年前の状況と今日の状況を見てみれば、劇的な方向転換があった。[……] もしあなたたち [共和党候補者] が [……] グリーン・エネルギーを信奉したり、この問題に関してこびへつらったりするならば、おのずと政治的な危機におちいることになるだろう。党大会や予備選挙などの大統領任命プロセスに関わる大多数の人びとは、科学を疑ってかかっている。それはわれわれの影響によるものだ。『繁栄のためのアメリカ人の会』のような団体が、そのようなことを成し遂げてきたのだ。」(Coral Davenport, "Heads in the Sand," *National Journal*, December 1, 2011.)「繁栄のためのアメリカ人の会」の議長ナンセン・マーリンは、七〇年代初頭にソール・アリンスキー研究所に参加し、保守派のための住民組織化（コミュニティ・オーガナイジング）に関する本を書いている。マーリンは「ツイッター上の最保守派」第五位に位置する。アメリカのフリーダムワークス＊がアリンスキーの著書『過激派のルール』を用いたことについては Brad Knickerbocker, "Who Is Saul Alinsky, and Why Is Newt Gingrich So Obsessed with Him?," *Christian Science*

＊フリーダムワークス：やはりコーク基金が出資する保守系NPOで、選挙時に市民と政治家をつなぐボランティア育成を行う。

Monitor, January 28, 2012を見よ。

（4）Max Weber, *The Protestant Ethic and the Spirit of Capitalism, trans.* Talcott Parsons（1904–5; repr., London: Routledge, 1992）, 58.〔『プロテスタンティズムの倫理と資本主義の精神』中山元訳、日経BP社、二〇一〇年、六四ページ〕

（5）一八三四年、「工場の少女たち」として知られるマサチューセッツ州ローウェル・ミルズ工場の労働者たちは、給与が一五パーセント減給されると知りストライキに突入した。『ボストン・トランスクリプト』紙によれば、「［ストライキ参加者の］数は、まもなく八〇〇近くにも増えた。隊列が組まれ、街を練り歩き、のらくら者や少年たちの耳目を楽しませた、［……］主導者のひとりが切株に上り、女性の権利と『金持ち貴族』の不正について、メアリー・ウォルストンクラフト流の燃えるようなスピーチを行なったそうだ。それは聴衆に強烈な効果を及ぼし、彼女たちは『たとえ死すとも我が道を行く』決意に及んだ。」歴史家キャサリン・ラヴェンダーのウェブサイト、「『自由のレトリック』と一九世紀アメリカの女性」の「ローウェル・ミルズの少女たちによる自由のレトリックの使用」という見出しにある新聞から引用。労働者の新聞『ローウェル・オファリング』の、「ローウェル・ミルズの少女たちの生」という見出しがあるページも見よ。労働者のメディアに関するさらなる情報は *Chomsky on MisEducation*, ed. Donaldo Macedo（Lanham, MD: Rowman & Littlefield, 2004）, chap. 2を見よ。

（6）一九三二年、イギリスのキンダー・スカウト山への「集団不法侵入」を見よ。「集団不法侵入」は、妨害されない徒歩による旅行を求めた労働者たちが先鞭をつけ、結果的に、イギリスの国立公園の設置および二〇〇四年の「散歩の権利に関する法」の立法に至った。「放浪」の歴史と遊歩者の権利を保護する現在のキャンペーンについては、ウェブサイトRamblers.org.uk を見よ。

（7）Mitchell Landsberg, "Rick Santorum Denies Questioning Obama's Faith," *Los Angeles Times*, February 19, 2012.

（8）リチャード・ランドは南部バプテスト派協議会の倫理宗教自由委員会の会長であり、『真の国土安全保障——神が祝福するアメリカ』の著者である。（Thomas B. Edsall, "Newt Gingrich and the Future of the Right," *Campaign Stops*（blog）, *New York Times*, January 29, 2012.）ギングリッチと「ソール・アリンスキー流の過激派」については、本章の注3を見よ。

（9）スミスの『国富論』は、繁殖と労働力の健康の問題も扱っている。「貧乏な場合、子供が生まれないわけではないが、子供を育てるのはきわめて難しい。気候が厳しく寒い土地で弱い植物を育てると、すぐに元気がなくなり、枯れてしまう。［……］いくつかの地域では、子供のうち半分は四歳までに死んでいる。子供の半分が七歳までに死ぬ地域は多い。そしてほとんどの地域で、九歳か一〇歳までに半分が死んでいる。しかし、子供の死亡率がこれほど高いのは、どの地域でも主に、上流階級のようには子供を養う余裕がない庶民の間のことである。」スミスは、家族が子供により良いものを提供し、結果的により健康で、より生産的な労働力を提供しうるように労働者の賃金値上げを提案した。（Adam Smith, *An Inquiry into the Nature and Causes of the Wealth of Nations* [1776; repr., London: Methuen, 1904], *Library of Economics and*

Liberty [EconLib.org], "Adam Smith, Wealth of Nations" の見出しにある "I.8 Of the Wages of Labour" を見よ。〔『国富論　国の豊かさの本質と原因についての研究（上）』山岡洋一訳、日本経済新聞出版社、二〇〇七年、八三頁〕

第7章　驚異的な人びと

（1）ラッセル＝アインシュタイン宣言は、一九五五年七月九日にロンドンで発表され、その二年後に始まり現在まで続くパグウォッシュ会議が設立されるはずみとなった。そのグループの名前は、最初の会議が開かれた場所であるカナダ南東部ノヴァスコシア州パグウォッシュに由来する。会員は世界中におり、「参加はつねに（政府や組織の代表としてではなく）個々人の私的な立場によるものである」という基本的な主張に従っている。現在の関心として含まれるのは、核不拡散や化学・生物兵器の削減、中東における非核兵器地帯の確立である。（Pugwash Conferences on Science and World Affairs [Pugwash. org].）パグウォッシュとジョウゼフ・ロートブラットについては本章の注9を見よ。

（2）Barry Feinberg and Ronald Kasrils, *Bertrand Russell's America: His Transatlantic Travels and Writings: Volume Two, 1945–1970* (London: George Allen & Unwin, 1984).

（3）ローレンス・ウィットナーは世界核非武装運動の歴史を年代順に編んだ三部作 *One World or None*（1945–1954）, *Resisting the Bomb*（1954–1970）, および *Toward Nuclear Abolition*（1971–present）の著者。彼の最新の著書は *Confronting the Bomb: A Short History of the World Nuclear Disarmament Movement*（Stanford, CA: Stanford University

Press, 2009）.

（4）一九五八年に、ロンドンで設立された核軍縮キャンペーン（CDN）は、イギリスの核兵器全廃およびその他の多くの事柄を主張している。初期の抗議は、オルダーマストン＊の核兵器設備へ毎年行進するというかたちをとった。一九六〇年には、キャンペーンの支持者の中に座り込みや封鎖におよぶ者もあったが、バートランド・ラッセル率いる別団体「百人委員会」の設立にいたった。（「百人委員会」主催のイベントの大半は、逮捕者を出した。）現在は、トライデント核兵器システム＊、化学生物兵器、ミサイル防衛、核装備したNATO、原子力の拡大に反対している。

（5）出版されたダフの仕事の一部は *Prisoners in Vietnam: The Whole Story*（London: ICDP, 1970）; *Left, Left, Left: Personal Account of Six Protest Campaigns, 1945–65*（London: Allison & Busby, 1971）; *War or Peace in the Middle East*（Nottingham: Spokesman Books, 1978）.

（6）キャロル・チョムスキー（旧姓シャッツ）は、ハーバード大学で言語学の博士号を授与され、一九七二年から一九九七年までハーバード大学教育学大学院で教えた。彼女は、「児童言語習得分野の先駆者」と称されており、児童の読解技術の学習を補助するために今日でも役立っている技術を導入した。「反復聴取」と呼ばれるその技術は "After Decoding: What?," *Language Arts* 53（March 1976）: 288–96, 314 で議論されている。聴取困難者と視覚障がい者による言語習得についての彼女の仕事も見よ。（*Rich Languages from Poor Inputs*, ed. Massimo Piattelli-Palmarini and Robert C. Berwick [New York: Oxford University Press USA, 2012].）

＊オルダーマストン：イングランド南東部バークシャ州の村で、核兵器研究所がある。

＊トライデント核兵器システム：「複数個別誘導再突入体付き潜水艦発射弾道ミサイル」のこと。英米の保有する原子力潜水艦に搭載されている。

（7）「非合法の権威への抵抗の呼びかけ」は、一九六七年にワシントンＤＣで行われた徴兵制反対のデモに先駆けて『ニュー・リパブリック』誌と『ニューヨーク・レヴュー・オヴ・ブックス』誌に掲載された。「レジストＩＮＣ」という組織には、徴兵への抵抗を選んだ人たちを経済的に支援することを誓った聖職者や学者がメンバーにいた。支援には、「正当防衛と保釈金のための」資金も含まれていた。組織の文書に関するアーカイヴである「レジスト・コレクション」は、コネチカット州ハートフォードのトリニティ・カレッジ・ライブラリーに収められている。

（8）一九五〇年代に生物学者のバリー・コモナーは、北米の児童の乳歯を素材として、放射性物質ストロンチウム90の値を計測するプロジェクトに取り組んでいた。得られたデータ——すなわち、地上核実験による放射性物質の降下により、生物環境における放射性同位元素（ラジオアイソトープ）の負荷が上昇するのだが、その上昇には人間の生体内蓄積も含まれる——の結果から、コモナーとポーリングは、一九五七年に核兵器実験の禁止を求める請願書を、共同で執筆した。請願書が国際的な支持を得た結果として部分的核実験禁止条約（ＰＴＢＴ）につながった。条約の交渉は一九六三年までは成功しなかったが、部分的には、エドワード・テラーが平和的核爆発（ＰＮＥｓ）*のプログラムを主張したことによる。請願書の原本はオンライン上で見ることができる。*Linus Pauling and the International Peace Movement* の "U.S. Signatures to the Appeal by American Scientists to the Governments and People of the World," January 15, 1958 の項を見よ。エドワード・テラーについては Dan O'Neill, *The Firecracker Boys: H-Bombs, Inupiat Eskimos, and the Roots of the Environmental Movement* (New York: Basic Books, 2007)，

＊平和的核爆発（Peaceful Nuclear Explosions）：土木工事や採掘など民間用に核爆発を利用すること。

296–302を見よ。平和的核爆発への抗議については、本書の補遺九を見よ。

(9) ジョウゼフ(ジョゼフ)・ロートブラットは、日本への原爆投下以前にマンハッタン計画から降りた二人の科学者のうちの一人である。彼の決断は、その動機について少なからぬ疑念をもたらすこととなった。彼は核兵器の廃絶と戦争の終結を呼びかけることに残りの人生を費やすことになる。一九五四年の第五福竜丸事件で実際に降り注いだ放射性物質を推測するにあたって、科学者の西脇安氏と共同研究をしたのち、ロートブラットはバートランド・ラッセルとともに仕事をし、ラッセル゠アインシュタイン声明の起草とパグウォッシュ会議の設立に重要な役割を果たした。ラッセルと百人委員会については、本章の注4を見よ。

(10) 一九六七年三月二三日のスタイナー゠チョムスキー往復書簡、および "An Exchange on Resistance: Chad Walsh and William X X, reply by Noam Chomsky," *New York Review of Books*, February 1, 1968を見よ。

(11) 一九六五年、「民主的社会を求める学生」主催の「ベトナム戦争を終結させるワシントン行進」には、二万五〇〇〇人が参加した。ホワイト・ハウスの外で数時間ピケを張った後、ポール・ポッターはワシントン記念碑でスピーチを行った。ポッターのスピーチについてはウェブサイトSDSRebels.comの "Antiwar Speeches" の項を見よ。

(12) キング牧師の「ベトナムを越えて」を見よ。その演説は、戦争、軍事主義、不平等についての痛烈な分析となっている。「[ベトナムでは]もはや苦痛以外には確かなものがほとんど残されていない。まもなく、唯一確実に残る物質的基盤は、われわれの軍事基地および『要塞村』と呼ばれる強制収容所という具体物にしか見出されないだろう。農民たちは、われわれがこのような基盤の上に新たなベトナムを打ち立てようと計画しているのか、と当然いぶかしく思うだろう。農民たちがこのように考えたからといって、責めることができるだろうか。われわれは彼らを代弁し、彼らには出すことのできない問いを掲げなければならない。彼らもまた、私たちの兄弟なのだから。」（マーティン・ルーサー・キング・ジュニア「ベトナムを越えて――沈黙を破るとき」ニューヨーク、リバーサイド教会での演説、一九六七年四月四日。）

(13) 一九六八年のスピーチで、キング牧師は、清掃労働者のために「自己本位の廃棄をある種危ういまでに」進展させること、そしてボイコットを通じて共通の経済基盤を確立するバンクイン運動と、黒人が所有するビジネスの支援を後押しするインシュランスイン運動*を呼びかけた。（マーティン・ルーサー・キング・ジュニア「私は山頂に上った」テネシー州メンフィス、チャールズ・メイソン司教教会、一九六八年四月三日）

*バンクイン運動、インシュランスイン運動：バンクイン運動とは、白人の運営する貯蓄貸付組合を使わずに、預金を黒人の経営する銀行に預けることで経済を黒人主体へと移そうと呼びかける運動。インシュランスイン運動も同様に、黒人の経営する保険会社に加入するよう呼びかける運動。

(14)「一九六八年の貧者達のキャンペーン」の一部として「復活の街（レザレクション・シティー）」が組織、建築され、五月から六月のあいだの四三日間にわたり、占拠された。およそ五千人のデモ参加者が、ワシントンDCのモール地区で「ライヴ・イン」に参加した。マーティン・ルーサー・キング・ジュニアとロバート・F・ケネディの暗殺は、このまにあわせの街に降り注いだ豪雨と同様、この運動に損失をもたらした。この行動の成功と失敗については John Wiebenson, "Planning and Using Resurrection City," *Journal of the American Institute of Planners* 35（November 1969）：405–11 を見よ。

第8章　相互確証信頼

（1）John M. Broder, "Greenpeace Leader Visits Boardroom, without Forsaking Social Activism," *New York Times,* December 7, 2011.

（2）二〇一〇年の「気候変動と母なる大地の権利に関する世界民衆会議」に一〇年先んじて、ボリビアのアクティヴィストたちはアグアス・デル・トゥナリ（アメリカに本拠を置くベクテル社の子会社）による水供給の私営化の目論見に抵抗することに成功した。ことの詳細は Oscar Olivera, *¡Cochabamba! Water War in Bolivia*（Cambridge, MA: South End Press, 2004）を見よ。

（3）アンデス地域の熱帯氷河は消滅の危機にあり、科学者たちが予測するには三〇年後には全く残っていないだろうという。（Jessica Camille Aguirre, "As Glaciers Melt, Bolivia Fights for the Good Life," *Yes!*, March 18, 2010.）"Arctic Sea Ice News & Analysis," National Snow & Ice Data Center（NSIDC.org）も見よ。

（4）二〇一二年八月の合衆国干ばつ観測所による報告では、合衆国に隣接する地域の六二・九パーセントが、中位から例外的なものにいたる干ばつを経験している、つまり、最悪の範疇（極端な干ばつから例外的な干ばつにいたる）の割合が二倍になっているのだという。干ばつ状況の結果として、全国で広範な作物への実害が報告されており、国連食糧農業機関（ＦＡＯ）によれば、世界中で作物の不足と価格上昇が予測されている。James Hansen et al., "Global Temperature Change," *PNAS* 103, no. 39（2006）: 14288–93 も見よ。

（5）Noam Chomsky, "How the Magna Carta Became a Minor Carta, Part 1 and 2," *Guardian*

(London), July 24-25, 2012. および "Carte Blanche," TomDispatch.com (audio), July 21, 2012 を見よ。

(6) 気候変動とコミュニケーションに関するイエール大学プロジェクトによる最近の調査によれば、対象となった六つの集団内の大多数が、気候変動とクリーンなエネルギーが国民的な優先事項となるべきだと述べている。しかし、プロジェクト責任者のアンソニー・レイセロヴィッツによれば、最も影響力のあるグループである気候変動懐疑論者たちは「[人口の]一〇パーセントしか」占めていないものの、「公的言説の大部分を[……]支配しようと目論んでいるためにずっと大きく見える。」(*Talk of the Nation,* "Gauging Public Opinion on Climate Change Policy," NPR, May 4, 2012.) コーク財団に融資を受けたグループの選挙過程への影響については第6章の注3を見よ。

(7) Shelby Lin Erdman, "Battle over Controversial International Oil Pipeline Growing," CNN, September 5, 2011. この記事で引用されているＡＰＩの広報担当者に、発言内容を確認するためにコンタクトを取った。彼女の応答は、「もし彼ら、彼女ら[タール・サンドへのアクションの参加者たち]がパイプライン建設に抗議しているのなら、数千人のアメリカ人に仕事をもたらすことになる掘削の仕事に抗議していることになりますよ。この事業は、仕事をつくりだし、責任をもってエネルギーを生産し、アメリカのエネルギー保全を強化することに焦点を当てているのです。」(二〇一一年一一月一六日、ＡＰＩメディア関連担当サブリーナ・ファングとのＥメールによるやり取り。)サウジアラビアの利害関係によって、貿易提携先であるＡＰＩを通じて合衆国の選挙へといかに資金が流れ込んでいるかについては Lee Fang, "How Big Business Is Buying the Election," *The Nation*, September 17, 2012 を見よ。

(8) タール・サンドへのアクションは、カナダのアルバータ州からテキサス州湾岸地域の製油所にわたって計画中の、一六六一マイルのパイプラインに抗議する進行中の運動の一部である。輸送予定の特殊な製品はカナダ産のタール・サンドに由来する化学物質を含んだ瀝青であり、「地球上で最も汚れた石油」と呼ばれてきた。現在までの最大のアクションは、二〇一一年八月後半から九月初頭にかけて、ホワイト・ハウスの正面で行われた。二週間にわたる座り込みのあいだ、一二〇〇人以上の参加者が市民的不服従の行為におよび、逮捕された。その出来事には、広範囲の集団や個人が関わり、「大胆（ボールド）なネブラスカ*」、「先住民環境ネットワーク」、「350.org*」、活動家、二〇〇八年の大統領選でのオバマ支持者、農民、科学者、作家などが参加した。

(9) Clifford Krauss, "U.S. Reliance on Oil from Saudi Arabia Is Growing Again," *New York Times*, August 16, 2012. サウジアラビアによるカナダ油砂の精製計画については、本章の注7を見よ。ＯＰＥＣの歴史については、第1章の注8を見よ。

(10) Lawrence M. Krauss, "Judgement Day," *New Humanist*, March/ April 2010.

(11) 一九五五年七月のジュネーブ会議の期間中、アイゼンハワー大統領は、ソビエト連邦の代表団に忌憚なく語った。ニコライ・ブルガーニン*に向けて、近代兵器、はそれを使用するいかなる国も「本当に自らを破壊する危険を冒すことになる」ほどに発展しており、「[……]大戦争が起ったら北半球は破滅する」と述べている。彼はゲオルギー・ジューコフ*との会話で同様の点を指摘した。「科学者でさえ、二〇〇個の水

*大胆（ボールド）なネブラスカ：ネブラスカ州を中心として保守政治を変革することを目指す団体。

*350.org：とりわけ二酸化炭素排出削減を中心として環境問題に取り組み、オンラインを中心として活動する団体。一八七カ国以上に組織を持つ。

*ニコライ・ブルガーニン：スターリンの死後、一九五五年にニキータ・フルシチョフが党の第一書記に就任すると、ソ連閣僚会議議長（首相）に就任し、一九五八年まで務めた。

*ゲオルギー・ジューコフ：スターリングラードの戦いでドイツ軍を破ったときにソ連軍最高司令官代理をつとめ、第二次大戦後に英雄視された軍人、政治家。スターリンの死後、政界に復帰し、一九五五年には国防大臣に就任した。

素爆弾が短期間で爆発したら何が起るか分からないのだ。ただし［……］放射性降下物は全人類および、おそらくは全北半球を破滅させることになるだろう。」（Francis X. Winters, *The Year of the Hare: America in Vietnam, January 25, 1963–February 15, 1964* [Athens, GA: University of Georgia Press, 1999], 7–8.）

（12）一九六二年のソ連ミサイル配備に至るまで、ケネディ政権はキューバで二つの秘密作戦を実行した。ピッグス湾侵攻とマングース作戦である。後者は、歴史家のスティーヴン・G・ラーベによって「巨大なテロリズムおよび破壊工作活動である」と叙述されてきた。（*The Most Dangerous Area in the World: John F. Kennedy Confronts Communist Revolution in Latin America* [Chapel Hill: University of North Carolina Press, 1999], 137.）グレアム・アリソンによれば、「もし危機の三週目に予定されていた合衆国による空爆と侵攻が実現していたら、アメリカの戦艦と軍隊、またおそらくマイアミにたいしても、核による反撃を引き起こした公算が高い。その結果、戦争は一億人のアメリカ人と一億人以上のロシア人の死を招いたかもしれない。」（"The Cuban Missile Crisis at 50: Lessons for U.S. Foreign Policy Today," *Foreign Affairs*, July/August 2012.）

（13）National Security Archive Electronic Briefing Book No. 281, s.v. "Documents 8A-D: DEFCON 3 during the October War."

（14）CIAは、ソビエトが差し迫った危険を恐れたのは、合衆国がレーガンの第一期までの数ヶ月にとった行動への反応によるものだったかもしれないと推測している。その行動とは、ソ連国境近くでの空軍および海軍による初期警報システムの弱点の探査、ソ連の軍事工業施設近辺での海軍演習および唐突な艦隊攻撃への挑発作戦、レーダー妨害やおとりのレーダー信号の送信、ソ連海軍が弾道弾ミサイル装備の原子力潜水艦を配備していた地域での潜水艦および対潜水艦航空機の戦術的展開、クリル列島〔千島列島〕におけるソ連の軍事施設上での模擬爆弾演習、などである。(Central Intelligence Agency [CIA.gov], CSI Publications, s.v. "Books and Monographs," s.v. "A Cold War Conundrum: The 1983 Soviet War Scare," March 19, 2007.)

(15) 二〇一一年一一月、ドミトリ・メドヴェージェフ大統領は、オバマ大統領による二〇〇九年のミサイルシステム修正(前政権によって計画されたポーランドとチェコ共和国の二箇所にわたる配備)と、ロシアによる新たな戦略兵器削減条約(ＳＴＡＲＴ)交渉への意志のあいだに、直接的な相関関係を認める声明を発表した。彼はまた、北大西洋条約機構との「真の戦略的パートナーシップ設立」からロシアを除外するいかなるヨーロッパのミサイル防衛システム計画も、ＳＴＡＲＴからの撤退につながりうることも強調した。メドベージェフは追加措置を発表した。二〇一二年一月には、ポーランドとリトアニアのあいだにあるバルト海の飛び地、カリングラードに、イスカンダルミサイルが配備されたとの報道がなされた。("Statement in Connection with the Situation concerning the NATO Countries' Missile Defence System in Europe," President of Russia [Kremlin.ru], November 23, 2011. および "Russia Starts Deploying Iskander Missiles in Kaliningrad Region," RT [Moscow], January 25, 2012.)

(16) "Operation Samson: Israel's Deployment of Nuclear Missiles on Subs from Germany," *Der Spiegel,* June 4, 2012.

(17) Jerrold Meinwald, “Prelude,” *Daedalus* 141 (Summer 2012) : 7.

(18) ボリビアの法令第〇七一号、第八条第四項は、平和の促進を、あらゆる核兵器、化学兵器、生物兵器および大量破壊兵器の撤廃をうたっている。(IV. 8. 6. “Promover la paz y la eliminación de todas las armas nucleares, químicas, biológicas y de destrucción masiva.”) 比較対象として、あらゆる核爆発を禁止する包括的核実験禁止条約（ＣＴＢＴ）が挙げられる。その条約は、署名は完了したものの、残りの一〇カ国が批准を完了するまでは実効力を発揮することはない。合衆国は協調を拒んでいる国のひとつである。ボリビアの法律については第１章の注１を見よ。

訳者あとがき

吉田　裕

　本書は Noam Chomsky and Laray Polk, *Nuclear War and Environmental Catastrophe*（Seven Stories Press, 2013）の全訳である。チョムスキーは言わずと知れた言語学者であり、アメリカの外交政策をはじめとした国際政治の状況に対する介入的な発言を継続して行う世界的な知識人としても有名だ。二〇一四年二月に『ジャパン・タイムズ』紙に掲載されたデヴィッド・マクニール氏によるインタヴューでは、シェイクスピア、マルクス、アリストテレスについで多く引用される人物として紹介されている。その真偽のほどはともかくとして、知識人という存在が霞んで久しい現在、これほどその都度の発言が注目を集める現存の書き手は珍しいといえる。すでに毎年のようにその著作が日本語にも翻訳されており、読者の多さと注目度の高さをうかがわせる。

本書は、そのチョムスキーに対して、ジャーナリスト兼アーティストのラリー・ポークが長時間に及ぶインタヴューを行い、それを記録、編集したものである。おそらくかなりの準備をした上で疑問をぶつけるポークの導きがあってこそ、本書が様々な話題に言及しつつも、ある一貫した筋を持って読者にせまってくるのだろう。とはいえ、「福島」どころか、「チェルノブイリ」という固有名詞さえも一度も言及されることはないことに、読者は戸惑いを覚えるかもしれない。それでも、二〇一一年三月一一日の東電福島第一原子力発電所の爆発事故以来、私たちを取り囲む核兵器と原子力発電所の地政図が、日本を含む東アジアにおいてのみならず、英語圏を含む世界でどのように変容したのか（またはしていないのか）という問いに対する、著者たちなりの真摯な取り組みの現れであるといえる。本書は、チョムスキーがすでに様々な場で発表済みの主張を含むが、他方で、東電福島原発事故の約二年後に発表された著作として、それまでの仕事とは若干異なった傾向を持つ。この場では、そのいくつかの特色に焦点を当てつつ、多岐に渡る話題に言及する本書の簡単な位置づけを行いたい。

証言者としての語り、大学と自由

アメリカ政治の歴史性、第二次大戦前後からベトナム戦争を経て、現在まで継続するアメリカ合衆国の外交政策に関して、チョムスキーの分析は、いつもどおりに（と述べても差し支えないと思うが）冴え渡っている。その明晰さに、時折顔を見せるアイロニーが交じる語り口は彼の読者にはおなじみだと思うが、同時に、本書においては、アメリカの政治、経済、歴史を、アメリカの内部で、少し斜めから見つつ生きてきた人間にしかなしえないような、証言者としての発言が目を引く。チョムスキーにとってのアメリカ経済と政治状況への批判的介入のある種の起点が、彼が育った大恐慌以後のニューディール政策の時代に関する記憶にあることを思わせる発言がある。特に、本書第6章では二〇年代と三〇年代および五〇年代と六〇年代を、アメリカ国内に限った経済発展という観点から、比較的穏やかで、人びとがそれなりに希望を抱くことが可能だった時代として述懐している。アメリカの外交政策に対する容赦ない批判者として知られる著者の、あまり触れられることのない自伝的背景を垣間みることのできる一節として興味深い。

　それは、別の言い方をすれば、アメリカ合衆国という対外的には許容範囲の狭い国において、ある時期まで保証されてきたように思える知と行動の自由への信頼とも読むことができる。その信頼とは、彼の朋友であり、既に故人となってしまった歴史家のハワード・ジン、文芸批評家でパレスチナ・イスラエル問題への容赦ない介入者のエドワード・サイード、そして批評家のイクバル・アフマドらと分有し、議論を交わした時間へ寄せるものでもあるのだろう。第3章では、アメリカの知的コミュニティーに対する失望が述べられている。その背景には、ツインタワー崩壊以後、愛国者法を始め、国境への取り締まりを一段と厳しくしつつある合衆国が、知的コミュニティーへの締め付けを厳しくしていることもあると思われる。現在では、ジャック・デリダとミッシェル・フーコー亡きあと、思想界で注目を集めるアラン・バディウ、ジョルジオ・アガンベン、アントニオ・ネグリなども、入国を拒否されているという。しかし同時に、チョムスキーは、ウォールストリート占拠運動や、本書の第8章で言及されるタール・サンドへのアクションを始めとして、運動の場を通じた若手の活動家や思想家との対話も継続しているようだ。

本書のとりわけ第2章と第6章では、大学と研究、そしてアクティヴィズムが、チョムスキーの言う自由が最も問われる場として位置づけられている。チョムスキーは、自らが勤めるマサチューセッツ工科大学で行われたとおぼしきインタヴューの環境も手伝ってか、対話者とともにアメリカの軍産学複合の歴史を語り、淡々と事実を指摘する。とはいえ、そこで明らかになる絶望的なまでに厳しい現状に対する認識は、大学という場とそこで保証されるべき自由への飽くなき信があってこそなしえるのだろう。

新自由主義と古典経済学

もうひとつの「自由」、すなわち経済的な意味での「自由」に関しては、チョムスキーは本書で独特の位置づけをしている。とりわけ、アダム・スミスやデヴィッド・リカードウのような自由主義的な古典経済学者への言及が眼を引く。二〇一四年三月六日に上智大学で行われた講演*でも、やはりスミスやリカードウに言及しつつ、新自由主義への批判的な視座をこれらの古典経済学者に定位することで獲得する、という視点を打ち出していた。新自由主義によってもたらされた世界経済の惨憺たる状況と人びとの現況については、近年焦眉の課題として様々な書き手が取り組んでいる。デヴィッド・ハーヴェイ著『新自由主義――その歴史的展開と現在』(渡辺治監訳、森田成也、木下ちがや、大屋定晴、中村好孝訳、作品社、二〇〇七年)やナオミ・クライン著『ショック・ドクトリン――惨事便乗型資本主義の正体を暴く』(幾島幸子、村上由見子訳、岩波書店、二〇一一年)はその代表的な例だが、これらのアプローチいずれとも異なっている。ただ、スミスやリカードウを批判しつつ『資本論』を書いたカール・マルクスに言及せず、彼らの理論を新自由主義批判として位置づけることには疑問を挟む余地もあるだろう。ひとつ言いうるのは、マグナ・カルタへの再評価(第6章と8章)や、共有財(コモンズ)への言及も含め、西洋近代の忘れられた遺産を再び継承しつつ、現代の新自由主義を批判するというある種の流れと呼応する立場をとっていると

*『週刊読書人』:二〇一四年三月二一日号に採録。

いうことだ。そこには、北米を中心に世界的に（批判も含め）評価されつつあるアントニオ・ネグリ＋マイケル・ハートの近著『コモンウェルス――〈帝国〉を越える革命論』（水島一憲監訳、幾島幸子、古賀祥子訳、ＮＨＫ出版、二〇一二年）も含まれる。

ただし、ここに名をあげた論者とも異なるチョムスキーの立場としては、環太平洋地域を含めた世界中の固有の運動に対して、還元的になることなく、一つひとつを名指しつつ評価し、理解しようとする姿勢だろう。例えば、済州島カンジョンでの米海軍基地建設や、ディエゴ・ガルシア島での軍事基地に対する眼差しは、沖縄の米軍基地、とりわけ米海兵隊基地の普天間飛行場の「代案」として標的にされている辺野古への移設に反対するメッセージを『琉球新報』に寄せる行動と結びついている（「辺野古移設中止を　海外識者29人が声明」『琉球新報』二〇一四年一月八日、「県内移設すべきでないノーム・チョムスキー氏」『琉球新報』二〇一三年四月二一日）。批判的かつ地域的な運動を、分断を越えて接続しようとする意志の現れとしてみなすこともできるだろう。

このような一見矛盾するような方向性——ある種の普遍性を目指すものと、個別性にたいする執着——が、ひとつの明確なメッセージに統合されることなく、輻輳しながら織りなされる批評的かつ雑駁な語りが、現在のチョムスキーの特色であり、魅力である。それは、科学者、歴史家、文学研究者、社会学者、人類学者など、それぞれの立場で仕事をする人びととは近接しつつも、絶対に異なる、知の対象へのしなやかさと低い目線があってこそだ。本書訳者がかつてロンドン大学に留学中、著者の講演会に幸いにも出席する機会があった。チョムスキーは、「なぜあなたはオルタナティヴを示さずに厳しい状況ばかり語るのか」という聴衆からの質問に対して、かつての朋友、故エドワード・サイードの好んだアントニオ・グラムシの言葉を引用して「知の悲観主義、意志の楽観主義」と述べていた。

日付と資料

もうひとつ本書の特色を挙げるとすれば、対談においてはあまり議論の対象とはなっていないものの、巻末に収められた補遺の充実ぶりだろう。広島への原爆投下以後に現地の状況を語る合衆国の司令官らの会話に始まり、原水禁が所有するマーシャル諸島での原水爆実験後の調査に言及した資料、マーシャル諸島ロンゲラップ島の住民による手紙、そして、アラスカのポイントホープでの核爆発に反対する住民の手紙。それぞれが固有の日付とともにあるこれらの出来事群は、ややもすると「3・11」という日付が――「9・11」とそのインパクトを共有するようにして――特権的かつ「国民的」な記念日となってしまうことへのある種の警戒とも感取することが可能だ。もちろん、一つひとつの資料をどのように読みとくかは読者に委ねられている。ただし、これらがチョムスキーという世界的知識人の固有名によって署名されたインタヴューと同じく、重要な証言であることは疑いを入れない。現在進行中の出来事は、原発事故とその後をどのように経験し、行動したかによって、無数の語りがある。決してひとつにできない(してはならない)記憶を語りあい、分有し、資料の集成としていく作業、そして、資料にはならないが、どこかに残っている出来事の感触を忘れないでいること。この二つの方向からの忘却への抵抗を、ここに掲げられた資料に照らしてみたとき、何が浮かんでくるだろうか。やはり、対談では言及されないものの、本書の扉頁に付された写真――福島県郡山市で原発事故の直後に放射性物質のスクリーニングを受ける子供をとらえた写真――に「眼差された」とき、本書を手にする読者は「眼差し返す」ことができるだろうか。そう問われているような気がする。

韓国の写真家・鄭周河（チョン・ジュハ）氏の作品集は『奪われた野にも春は来るのか』と題されている。原発事故後の福島を、静謐かつ不気味なまでにとらえた写真が収められている書物だ。原発事故を境にするようにして国境を越えた人びとの地道な抵抗が継続する一方、排外主義と愛国主義が回帰し、二〇一三年一二月には特定秘密保護法案が国会を通過してしまった。本当に必要なのは「民主化」ではないのか？　原子力体制を維持し続けようとする「妖怪」は、本当は誰であり、どこにいるのか？　本当に「春」は来るのだろうか？　バラバラになってしまったかに見える人びと同士が号令に呼応するようにして「絆」を強制されるのではなく、手を取り合うことはできるのだろうか？

本書が投げかける問いは多い。

＊

本書は花伝社の水野宏信さんの全面的なご協力なくては成立しえなかった。深く感謝を捧げたい。また、下訳を完成してから、ひと通り眼を通し、訳の検討をして頂いた英語圏文学研究者の三宅美千代さんに感謝したい。彼女の助力がなければ本書はもっと読みにくいものになっていたはずだ。ただし、間違いや誤記などの責任はすべて訳者にある。最後に、第8章の訳注で参照したロバート・D・グリーンの著作をご教示いただいた東琢磨さんに感謝したい。本来ならば、本書の背景を補完するには無数の著作や映像作品を参照せねばならないが、なかでも東さんの『ヒロシマ独立論』（青土社、二〇〇七年）は是非あわせて読んでいただきたい。一人ひとりの思考と行動への手がかり、そして、さらなる議論の土台として本書が役立てば幸いである。

吉田　裕

二〇一四年三月一一日

マ行

ラ行

ワ行

サ行

ナ行

ハ行

索　引

＊カッコ内は注の番号

著者略歴
ノーム・チョムスキー（Noam Chomsky）
国際的な言語学者であり、主要な急進的知識人。政治に関する著作多数。主なものに『9・11——アメリカに報復する資格はない！』（文藝春秋）、『金儲けがすべてでいいのか——グローバリズムの正体』（文藝春秋）、『メディア・コントロール——正義なき民主主義と国際社会』（集英社）等がある。この半世紀の間、世界的な規模で科学と政治に関する思索の両方に大きな影響を与えてきた。

ラリー・ポーク（Laray Polk）
アーティスト、文筆家。『ダラス・モーニング・ニュース』、『D マガジン』、『イン・ジーズ・タイムズ』などに執筆。『ネイション』誌の協会から調査報道のための基金を得て、2009 年、オガララ帯水層に近接するテキサス州の放射能廃棄処理場について暴露した。

訳者略歴
吉田　裕（よしだ　ゆたか）
東京理科大学専任講師。一橋大学言語社会研究科博士課程後期修了。博士（学術）。
専門は英文学、ポストコロニアル研究。
論文に "The Figure of the Masses in C.L.R. James's *The Black Jacobins* and George Lamming's *In the Castle of My Skin*"（『関東英文学』第 3 号 2010 年）、「占領者の自我が崩壊するとき——キャリル・チャーチル「七人のユダヤ人の子供たち」をめぐって」（las barcas 2、2012 年）などがある。
翻訳は、酒井直樹「国民的なものに先行する国民横断的なもの——翻訳と境界化」（las barcas 1、2011 年）、A・ネグリ／M・ハート／D・ハーヴェイ「『コモンウェルス』をめぐる往還」（『現代思想』2013 年 7 月号）および、ニコラス・ロイル『デリダと文学』（中井亜佐子氏との共訳、月曜社、2014 年）など。

複雑化する世界、単純化する欲望——核戦争と破滅に向かう環境世界

2014 年 7 月 7 日　初版第 1 刷発行
2014 年 8 月 1 日　初版第 2 刷発行

著者 ——— ノーム・チョムスキー／ラリー・ポーク
訳者 ——— 吉田　裕
発行者 ——— 平田　勝
発行 ——— 花伝社
発売 ——— 共栄書房
〒 101-0065　東京都千代田区西神田 2-5-11 出版輸送ビル 2F
電話　03-3263-3813
FAX　03-3239-8272
E-mail　kadensha@muf.biglobe.ne.jp
URL　http://kadensha.net
振替　00140-6-59661
装幀 ——— 水橋真奈美（ヒロ工房）
印刷・製本 ——— 中央精版印刷株式会社

ISBN 978-4-7634-0704-7 C0036